李 贽

（1527—1602）

福建历史文化名人丛书

福建省社会科学界联合会 编

李贽

特立独行的晚明思想家

陈金土 编著

海峡出版发行集团 | 福建人民出版社
THE STRAITS PUBLISHING & DISTRIBUTING GROUP | FUJIAN PEOPLE'S PUBLISHING HOUSE

图书在版编目（CIP）数据

李贽：特立独行的晚明思想家/陈金土编著.
--福州：福建人民出版社，2017.2（2020.11重印）
（福建历史文化名人丛书）
ISBN 978-7-211-07581-2

Ⅰ.①李… Ⅱ.①陈… Ⅲ.①李贽（1527—1602）
—生平事迹 Ⅳ.①B248.91

中国版本图书馆CIP数据核字（2017）第025073号

李贽
LIZHI
——特立独行的晚明思想家

作　　者：陈金土
责任编辑：陈　宽
出版发行：福建人民出版社　　**电　　话**：0591-87533169(发行部)
网　　址：http://www.fjpph.com　　**电子邮箱**：fjpph7211@126.com
地　　址：福州市东水路76号　　**邮　　编**：350001
经　　销：福建新华发行（集团）有限责任公司
印　　刷：福建省金盾彩色印刷有限公司
地　　址：福州市金山浦上工业区D区24幢
开　　本：700毫米×1000毫米　1/16
印　　张：9.25
字　　数：100千字
版　　次：2017年2月第1版　　2020年11月第2次印刷
书　　号：ISBN 978-7-211-07581-2
定　　价：25.00元

总 序

李 红

社会科学承载着“认识世界、传承文明、创新理论、咨政育人、服务社会”的重要功能，是人类赖以传承的精神支柱。近年来，福建省各级各部门认真贯彻《福建省社会科学普及条例》，社会科学普及工作扎实开展、稳步推进，通过举办全省社科普及宣传周、建立社科普及基地、开办社科普及讲坛等社科普及咨询平台载体，其制度化、常态化、大众化工作取得了明显成效。

习近平总书记指出，文化是民族生存和发展的重要力量，中华优秀传统文化已经成为中华民族的基因，植根在中国人内心，潜移默化地影响着中国人的思维方式和行为方式。福建文化是中华文化中极富特色的一部分，深度融入了中国文化的进程，展现出突破陈规、积极进取、兼容并包、锐意创新的胸襟和气魄。向大众传播福建优秀的历史文化知识，是福建省社科普及工作的重要内容。以接福建地气、讲福建故事、塑福建形象、续福建文脉的姿态编辑出版的“福建历史文化名人丛书”，既较为全面地展示了福建文化深厚的历史底蕴和丰富的人文精神，也为福建当下的社会文化建设提供了有益的资鉴。“福建历史文化名人丛书”所包含的朱熹、林则徐、严复、陈嘉庚等人物传记，记录了福建

文化之于中国历史的影响，同时也以人物史的叙述方式生动地展现出中国人文精神的风骨和传统文化的传承。

今天，我们提倡和弘扬社会主义核心价值观，必须从中华优秀传统文化中汲取丰富营养，否则就会缺乏生命力和影响力。“福建历史文化名人丛书”记录了福建历史文化人物的价值观践行轨迹，重温了这批福建历史文化乃至中国历史文化史上重要人物的生命历程，以浅显晓畅、通俗易懂的叙述方式讲述了中华优秀传统文化传承的当代意义，开辟了社会科学知识进入千家万户的新路子。

“最忆市桥灯火静，巷南巷北读书声。”一套好的社会科学普及丛书，总是能带动起读书的风气。将学习作为一种追求、爱好和健康的生活方式，也是“福建历史文化名人丛书”所期望实现的目标。在文字中领略福建地域文化魅力，在阅读中传承传统文化养分，在感悟中提升人文道德情操，社会科学普及丛书的出版，可谓正当其时。

（作者系福建省人民政府原副省长，福建省政协原副主席）

目　录

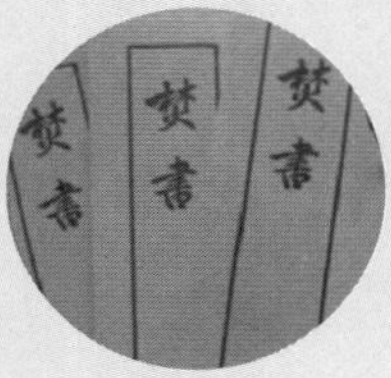
焚書
焚書
焚書

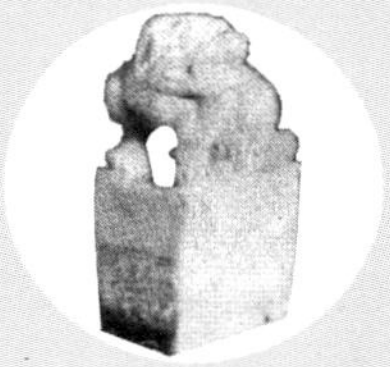

前 言

李贽（1527—1602），字宏甫，号卓吾、温陵居士、龙湖叟、李老子等，福建泉州晋江县（今鲤城区）人，明代杰出思想家、史学家、文学家，是中国文化史上的一位杰出人物。

李贽生长在泉州，海陆兼具的独特人文地理环境造就了他开放创新的先进思想。他不满现状的革新开拓精神和走在时代前列的超前意识，在我国的思想史上具有深远的影响。

李贽7岁跟随父亲学文习礼，12岁时，就敢于针对孔子对农人的态度，专门写了一篇《老农老圃论》，大胆表达自己的观点，得到了广泛赞誉。他26岁中举人，30岁初次远离家乡，到河南辉县担任教谕，34岁时因父亲去世回家奔丧，正赶上倭寇大举入侵泉州，他没来得及祭奠父亲，立刻率领族中子弟，配合官兵，登临城头，冒着敌人的流箭飞矢，昼夜守备，直到击退敌寇。

后来，李贽在5年里担任了国子监博士、礼部司务及刑部员外郎等官职，同时大量结交名士，共同探讨学问，追求真理。在此期间，他研究了大思想家王阳明“致良知”的学说，并改造、发展了与理学相对立的陆（九渊）王（阳明）心学，并成为富有革新精神的泰州学派的一代宗师。

这一时期，他认识了著名革新家、礼部尚书张居正，深受其影响。“五载春官，潜心道妙”，对佛学经典和老子、庄子思想的深刻探究和领会，让他超越了理学的束缚，兼容儒、道、释的思

想，得以“三教同治”，为以后坚决反对假道学奠定了思想基础。

到了51岁的时候，李贽出任云南姚安知府，终于有了施展自己人生抱负、报国为民的平台。在任期内，他继承孟子以民为重的思想，关心民生疾苦，根据西南边疆多民族杂居的特点，施行宽松的仁政，减免税收，大力发展文化教育事业，不但自掏腰包修整文庙、府学，并且亲自讲学，加强当地建设，得到了下属、百姓和少数民族首领的拥戴。

任职3年后，上级的嘉奖、挽留和百姓的真心拥戴都没能拦住思想者的脚步，李贽坚决地离开了姚安，离开了官场，在湖北黄安的天窝山、麻城的龙湖等地潜心著书立说，传播学术思想。

李贽的学术思想超前，振聋发聩，尤其是在当时的年代和背景下，是非常难能可贵的，达到了“天下皆靡然宗之”的程度。他的思想和宋明理学（道学）格格不入，他提倡自然率真的“童心说”；反对封建伦理束缚，呼吁个性解放；反对把孔子的价值观作为评判一切的标准，认为是非标准应随时代的前进而变化；主张人人平等，男女平等，并为此反复论战。燕楚等地的读书人争着拜他为师，但各级统治者却把他和他的作品看成是异端邪说，下令烧掉他的著作，毁坏他的住所，用各种手段迫害他。

李贽的悲情结局，看似“士可杀而不可辱”的精神体现和最后抗争，其实情郁于中，必然发之于外，无论是圣者还是普通人都不例外。但我们更愿意说，这是古稀斗士长期以来勇敢思想积淀的强有力迸发，是先进思想与落后守旧体制碰撞后，不屈火苗的闪耀和蔓延，是自我抗争，是最后振臂一呼的有力呐喊！否则，他虽被冠以“敢倡乱道，惑世诬民”的滔天罪名，但只要他愿意稍微低一下头，便很容易继续活下去，而他偏偏选择了以终结生命的方式换来思想的自由。

李贽的著作到现在广为流传的有100多种，如《焚书》《藏书》等。同时，他还大量评点名著《西游记》《三国演义》《水浒传》《西厢记》等，数量繁多，题材多样，与统治者要封杀他的著作的意愿完全相反，他的作品得以永久流传。

第一章

敏学多思，糊口四方

李贽出生在泉州一个塾师之家，从小聪明伶俐，勤奋学习，大胆质疑，是个有名的才子。但由于家境贫寒，成年后他只能先去一户人家执教，以此贴补家用。

封建时代为了维护等级制度的尊严，遇到君主或尊亲的名字都不直接说出或写出，叫做避讳。

敏学多思

明世宗嘉靖六年（1527年）十月二十七日凌晨，在号称“海滨邹鲁”的福建的东南部——泉州府晋江县南门外的李氏浯江祖居（今泉州市鲤城区万寿路123号）门口，震天响的鞭炮声把左邻右舍从睡梦中惊醒。原来，昨晚10点多的时候，这户人家出了一件大喜事——长房长孙呱呱坠地。他就是李贽。

泉州李贽故居

孩子出生后，他的父亲——秀才兼塾师李钟秀给他起了个名字叫林载贽，字卓吾，后改为李载贽，在李贽40岁时，为了回避当朝隆庆皇帝朱载垕的名讳，最后定名叫李贽。

装饰一新的浯江祖居张灯结彩，庭院外的几株刺桐树在这号称“小阳春”的十月里，已无南宋状元王十朋所写的“初见枝头万绿浓，忽惊火伞欲烧空”的盛况，但好像专为这位不寻常小孩的诞生，在晴日微风中抖动着在这个季节里本来难得一见的红色，映衬着院落中每一个人脸上那呼之欲出的喜气。

时间过得很快，转眼就过了一年。李家要为孩子庆祝周岁生日，李贽的祖父李宗洁、父亲李钟秀在厅堂庭院中和帮忙的邻舍亲友一起张罗着。

按照泉州风俗，在过周岁生日时除了宴请亲朋好友，分红汤丸外，最吸引人的莫过于看小孩子抓周的压轴戏了。抓周是小孩周岁时举行的一种预测他前途和性情的仪式，是第一个生日纪念日的庆祝方式，是一种具有人情味、以育儿为追求的信仰风俗。小李贽的母亲李徐氏用大红碎花的襁褓包着孩子，把他抱到了大厅当中，在场的人都围拢过来看个究竟。八仙桌上放着大笸箩，里面装满了各种物品：有《论语》《朱子语类》等书、还有毛笔、砚台、秤杆、尺子、算盘、玩具刀枪、小食品、胭脂水粉等等。

在大家的鼓励下，小李贽试探着伸出了小手。不知是大人的有意“帮助”，还是天性使然，他竟然一把抓住了朱熹的《朱子语类》。

“啊，好孩子，长大了肯定是满腹经纶，光宗耀祖……”李贽的三叔李钟英高兴地喊了起来。

一位前来贺喜的表亲也由衷地赞美道：“好厉害，一下子就抓住了朱老夫子的大作，我一看小公子的面相，就知道将来是大福大贵之人……”

没想到众人赞美的话音未落，“叭”地一下，这本大作又因小孩一松手而掉回大笸箩中。母亲只好把孩子抱得再靠近一点，这回孩子牢牢地抓住了另一本书——孔子的《论语》，还高兴地笑了起来。

在又一轮赞美声中，孩子被戴好长命锁抱回了内室，李钟秀脸色微微泛红，双手抱拳向亲友们的衷心祝福一一道谢。

在李贽五六岁的时候，母亲因操持家务过度劳累，不幸早逝，撇下靠教书养家糊口的李钟秀和几个儿女。作为家中的长子，李贽比弟妹们更加自立懂事，但也养成了比较沉静执着甚至有点倔强的性格。

转眼李贽已经7岁，到了该入学的年纪，李钟秀既然正好就是塾师，干脆让长子随馆就读。他特地挑选了一个黄道吉日，让李贽先拜孔子的牌位、画像，接着再拜老师，这算是行完了拜师的大礼。接着，李钟秀再严肃地讲了一番师道尊严、儒学圣教的道理，站在一旁的李贽似懂非懂地点着头。

李贽在父亲的严格教诲之下勤奋学习，很快熟读了《百家姓》《千字文》《千家诗》等蒙学读本。接着，李钟秀又从《三礼》《易经》《尚书》入手，把他更早地导入学习的圣殿，到他16岁时就送入郡城府学泮宫继续深造。

在《论语·子路》中，年仅12岁的李贽读到“樊迟向孔子请教农作却遭到孔子嘲讽”的故事。他平时常见到后田村那些担米挑菜到市场吆喝叫卖的叔伯阿姨们，他们凭自己力气做活挣钱养家，他们的勤劳俭朴与诚实和善，早就深深地赢得了他的好感。

李贽觉得即使像孔子那么伟大的人物，在这一点上都好像错了。于是他做了一篇题目叫《老农老圃论》的文章，为樊迟和天下的农夫辩解正名，受到同学们的一致好评，亲朋好友、左邻右舍也纷纷向李钟秀祝贺，称赞李贽伶牙俐齿，善于思考，长大后一定能博得功名和富贵，光耀门楣。李贽听后很不以为然，认为靠能说会道和写文章来博取功名富贵，不是父亲所希望的，自己也不会那样做。在他幼小的心灵里，早已树立了一个良好的学习目的。

李钟秀言传身教，在学习和做人方面始终给予子女们无限的关怀与悉心的引导，希望自己既能尽到父亲的责任，也能多少弥补他们过早失去母爱的缺憾。

在李贽14岁这年，他已经读完了《周易》和《三礼》，开始读《尚书》。在他16岁前后，进入府学读书，当时名册上还署名林载贽，后来才改为李姓。

执教泉南

因家境贫寒，到20岁左右时，李贽看到日渐衰老的父亲还在勉力撑持家事，奉养父辈、抚育儿辈。作为长子又孝顺的他再也无心继续待在安静的书斋里了，决定外出谋生，用自己年轻的肩膀去为父亲分担生活的重担。在他的《与焦弱侯》一文中，提到自己这段时间“糊口四方”，这是那个时代大多数读书人不曾有过的经历。

做通了祖父和父亲的思想工作之后，在一位世交好友的推荐下，年轻的李贽准备到晋江五店市（原属泉州晋江市青阳镇）一户姓庄的人家中担任家庭教师。

在这一段时间里，李贽结识了庄用晦（字君显），以及他的二哥庄用宾（字君显）、堂哥庄一俊（字君斐），还有和李贽同岁的庄国祯（字君祉）。他们都是有学问有德行的人，很快就成了好朋友。尤其是庄君显和李贽更是性情相投，无话不谈。不上课的时候，李贽和他们唱和诗歌，谈论道理。适当的时候，李贽还会把比较聪慧的学生也带到大人们的聚会中，对他们进行教育熏陶。

执教庄府一年后，在父亲的操持下，李贽迎娶了泉州府南安县丰州黄家女子为妻。由于这年泉州府发生水灾，佛朗机国（今葡萄牙）贼寇又骚扰漳州、泉州一带，加上李贽一向不喜欢那些繁琐的礼节，因此婚礼办得既简单又热闹。

黄家世代读书经商，是温厚善良的人家。黄氏5岁时，父亲黄朝就过世了，全靠母亲抚养教育长大。她为人贤惠勤劳，由衷地敬佩丈夫的学问和人品，嫁到李家以后，她更是堪称楷模，孝敬长辈，在饮食起居方面细心照料李家人，将李贽的弟弟妹妹视如亲人。

李贽受父亲的影响，不看重财物，虽然家中不富裕，但仍经常帮助有困难的人。一年泉州府发生严重水灾，李贽照样拿钱拿物送给灾民。新婚不久的黄氏，不但没有怨言，而且全力支持丈夫，把家中的事务件件处理得井井有条。这样，在四五年时间里，李贽一直奔波在城南郊区一带，能够腾出更多的时间和精力用在教书育人方面。

李贽的祖父李宗洁看到长孙为了帮助家庭摆脱经济困境，整天到处忙碌，更没有时间加强学习，感到很心疼，一直劝他要加把劲，再考个举人、进士，才不枉费了满腹的才情。爷爷的话听得多了，素来孝顺的李贽不忍心拂了老人家的心意，决定在功名方面下一番功夫。

第二章

科举之路，苦中作乐

李贽教书之余，在家人的勉励下，用功准备科举考试。他轻松地通过乡试，成为举人，但在会试时两次落第。他在一次回乡时遇上倭寇进犯，有勇有谋地协助官兵守城，使家乡避免了灾祸。

乡试是古代科举考试中的地方考试。参加考试的考生应具备庠生、贡生等资格，每次考试考三场，每场三天。考试合格者成为举人，第一名称“解元”，第二名称“亚元”。

温陵举子

嘉靖三十一年（1552年）秋八月，福建省城福州即将举行三年一次的乡试，李贽辞别妻儿老小，准备前往应试。

为了节省旅途费用，七月底的时候，李贽和几位府学同学——秀才王徽猷、郭培之、李继芳、李伯遇等人一道步行，入府城，到文庙泮宫祭拜孔子、魁星，沿途欣赏过泉州十大胜景之一“星湖荷香”，又缅怀过福建历史上第一位榜眼欧阳詹。他们紧赶慢赶，经惠安、仙游、莆田、福清，跨九龙江，费了好几天，终于进入福州地界。

省城的人情风物又是另一番景象，几个人无暇观赏，攒足脚劲，赶往位于冶山和欧冶池旁边的贡院街，但见高大的榕树绿荫下，青石砖埕，宽阔平坦。当街一座大石牌坊，为“四柱冲天式”建筑，气势恢弘，威武挺拔，翘角飞檐琉璃瓦盖顶歇山式，东西两边还有“明经取士”坊和“为国求贤”坊。大牌坊正中横匾镌刻着四个镏金大字——“天开文运”，两旁的横柱上一副榜书大对联：

场列东西　两道文光齐射斗

帘分内外　一毫关节不通风

大意是说，考场内文运对应着天上的星宿，考试要公正廉明，不魁星：我国神话传说中主宰文章兴衰的神。

得营私舞弊。

福州贡院历史上几经改建、扩建。正德十一年（1516年），负责巡视地方监督官员的巡按御使胡文静觉得考场离街巷太近，就下令买下附近的民房，扩建南大门，改从南面的正门进出。3年后，又重建了“至公堂”“衡鉴堂”“伦才堂”和考官办公、住宿的地方，才有今天堂皇威严的规模和格局。

这个时候的贡院街已是人山人海，福建全省想博取功名的秀士都集中到了省城，加上各路店家商贩，使这原本就很繁华的地方变得更加热闹不已。

到了八月初七的时候，贡院提前两天张榜公布了考室的位置和考生名单，李贽被安排在“玄”字号房第3间。

初九一大早，头场考试开始。

负责考务的官吏和大队的士兵在现场维持秩序，布置警戒。考生们提着盛放文具、食物等物品的篮子，穿着拆了缝的衣服和单层的鞋袜（防止夹带作弊），来到贡院前的石埕排好队伍。经过严格的搜身，确认没有夹带任何违反考场纪律的物品后，考生们按顺序进入至公堂前东西两侧的考棚、号舍（考室），每人领到3支备用的蜡烛，开始准备答题。

如果被发现夹带违禁物品或请人、代人考试的，至少要戴着木枷，关在木笼子里示众一个月，然后再判定罪行。

李贽很快找到自己的考室，掀起竹帘子，侧身进去，把篮

子放在墙边，在凳子上坐稳，把笔墨砚台摆放到桌上，摊开试卷一看，题目照样是从“四书”（《论语》《孟子》《大学》《中庸》的总称）中选出的一句，由考生开始破题（八股文的第一股）写一篇八股文，另外还要写一首五言八韵的诗歌。

李贽对照考题，立刻将前几天耐着性子熟记下来的许多篇“绝妙时文”派上了用场。他静下心来，捋起袖子，铺好考纸，磨好墨汁，提起一支“七紫三羊”的湖州健毫笔，洋洋洒洒写了开来，一顿饭的工夫就写好了一篇八股文，接着，续了墨水，轻车熟路地又完成了五言八韵诗。

李贽轻轻地把笔搁在笔架上，拿起卷子，呵了几口气，望着上面刚健清俊的字体，不免有几分得意。离“放头排”（放第一批答完卷的考生出考场）的时间还早，他伸了几个懒腰，百无聊赖之中，透过竹帘子，看到坐在斜对面“日”字号房第23间，泉州学友李继芳正在奋笔疾书。

目光再转过去，李贽不禁哑然失笑，一个长得肥头大耳的考生正趴在案桌上，嘴巴张得大大的，有节奏地抖动着，传来有规律的打鼾声，他身下的卷子早就被口水洇湿了，有着一种写意画描绘不出来的天然妙趣。

再看过去一位考生，可就安静多了：他那两只粗粗的手臂交叠在一起，大脑袋就压在这手臂叠成的“肉山”上，两颗眼珠子好像要冲出眼眶一样，睁得大大的，恰似福州冶山城隍庙（据考证为全国第二古老的城隍庙）里的小鬼雕塑，一动也不动。

看到这里，李贽一时兴起，不由得提起笔来，一时找不到纸张，就在左边袖子里层的反面，点画勾勒了一阵子。很快，一幅惟妙惟肖的“考场特写”就画好了。他感到还不够尽兴，又在画的旁边题了一首打油诗：

“五经”是《诗经》《尚书》《礼记》《周易》《春秋》的总称。

人来贡院盼登魁，不料催眠有响雷。

呆若木鸡君莫笑，只因肚里草成堆。

这时，放头排的时间到了，李贽赶快藏起衣袖，匆匆收拾了一下，跟着头一批的人群出了贡院。等不及离开，他就在贡院门外的青石埕上笑得直不起腰来，旁边经过的考生都以为这个人没考好发了疯，吓得赶快躲开。

“李兄平时难得说笑，今天肯定考得不错，才会笑得这样痛快！”从后面追上来的郭培之扶起李贽说。

“卓吾兄有什么好笑的事情，一定要和我们分享，可不好一个人独吞，快说来听听！”紧跟上来的李继芳、戴一俊故意扮着鬼脸央求。看着陆续围过来的同学们，李贽才慢条斯理地抖动衣袖，展开那幅即兴画成的“考场特写”给他们欣赏。同学们立刻哄堂大笑，前仰后合。

第二场考试在八月十二日举行，题目要求是从“五经”中挑选一部确定范围来做文章。八月十五最后一场考5道“策问”。

李贽从小在父亲的教导下，将《尚书》读得滚瓜烂熟，加上考试前记熟的许多“时文”，所以接下来的两场考试都能轻松应付。

考完后，很多同学准备留在福州府，等待考试的结果，顺便游览省城。李贽挂念一家老小，想着这一等就要到九月中旬，不愿在省城过多耽搁，就辞别同学，一个人返回泉州。

嫩饼菜是一种包含十数种原料的泉州美食，做好后，家人围坐一起自包自吃，有团圆美满的意思。

送顺风是指泉州人送别即将远行的亲友，有时还馈赠礼物；反之，接风洗尘叫做“脱草鞋”。

到了丹桂飘香的九月，从福州传来喜讯。泉州一府五县有20多人考中今年壬子科福建乡试举人，李贽的同学大多榜上有名。一时间，泉州府城和各县县城，喜报连天，鞭炮不断。

李贽的祖父高兴得老泪纵横，送了一些喜钱给上门报喜的人后，赶紧焚香祭告天地祖宗，又让儿子为争气的长孙好好庆祝一下。

会试不第

嘉靖三十二年（1563年），匆匆吃过“嫩饼菜”，还在正月的时候，在爷爷的催促下，李贽又收拾行装，准备了一些干粮，约齐了几位新近中举的同窗好友，在车桥头等船，打算北上京城参加会试。

因为刚刚中了举，许多亲朋都来“送顺风”，有认识的，也有不认识的，李贽向他们一一道谢而别。

这几年来，李贽和妻子黄氏总是分别的日子比团聚的日子多。想到丈夫这次北上京城，路途更加遥远，黄氏心里实在割舍不下，顾不得大门不出二门不迈的规矩，抱着幼小的长子，一直坚持把李贽送到车桥头，夫妻两人站在渡头边上低声话别。不一会儿，戴一俊、李伯遇等同学陆续到达，看到这对依依惜别的夫妻，纷纷在旁边七嘴八舌地打趣，说得他俩都有点不好意思起来了。

说话的时候，就快要开船了，李贽和同学们随着船客们上了船。他找了个船头的位置站着，向黄氏母子挥着手。船越走越远，直到站在岸边的母子俩模糊得成了一个黑点，他才找了个位置坐下。

客船沿着泉州湾的海面向北行驶，停靠闽北福宁州霞浦码头。李贽一行人换乘北边下来的客商船，经浙江、江苏、山东海面，进入渤海湾，到达漕运码头，大家弃舟上岸，在天津卫雇了马车直奔京师。

明朝初年，大将军徐达改建北京城，全城有23坊（类似现在的商住区）；明成祖朱棣把京城从南京迁到北京，对城市进行了改建、扩建，将南城墙向外拓展2里，城区经调整后，总共有28坊，各坊再根据人口的多少设置一定数量的铺。各坊都是开放式街道，街道布局整齐划一。李贽他们进京的这一年，北京又经过一次扩建，有了36坊。

正月廿三的时候，这一行人经广安门、崇文门进入内城，好歹算是真正到了天子脚下，不由得精神倍增，干脆辞退了马车，打算一路逛街走到贡院，去福建会馆投宿。众人来到宣武门外，下斜街土地庙今天正好逢“三”开市，举办传统的土地庙会。

只见街道两边，各种各样的店铺都有：玉器行、典当行、钱庄、布行、绸缎行、杂粮行、酱料行、网边行、南货行、杂菜行、鞋料行、豆腐行、裁缝行……还有众多摆地摊的，肩膀挑的手里提的卖饼、卖菜的商贩，有人出售古今图书、商周铜器、秦汉铜镜、唐宋书画和珠宝、象牙、美玉、绫锦，还有来自南北方海内外的各种商品。在这里买卖交易的不但有来自全国东西南北四面八方的客商，还有不同肤色的外国商人。

杨继盛任兵部员外郎时，蒙古军队几次进犯边境，奸臣严嵩的党朋仇鸾奏请开放边境马市，杨继盛上疏弹劾，因冒犯严嵩而被贬职。后来，杨继盛又弹劾严嵩，被严嵩假传圣旨，投入死牢并处决。

另外还有说书的、唱戏的、耍把戏的、变戏法的、摺跤的、举刀拉弓的等等，有隔山打牛、银针透体、头撞石碑、银枪刺喉各式名堂；大戏楼内有“元承天”烤鸭，“苏造肉”、糖葫芦、“饹炸饸”、脆麻花和地道的北京八大碗。

这里吃的、穿的、用的、玩的应有尽有，看得大家眼花缭乱，正当大家意犹未尽的时候，突然响起一阵急促的铜锣开道声，夹着刺耳的高喊让行人回避，原本繁华热闹的街道和市场一下子安静下来，街上的人纷纷躲到两边。只见远处石板街道上，一辆马拉的囚车缓缓走来。透过囚车的大木栅栏，可以看到里面挺立着一个中年人，大概三四十岁模样，长得浓眉大眼、满脸胡子，脸上几道新添的伤痕裂着口子，他身上穿着皱巴巴的衣服，认真辨认的话，可以看出是官服，内衣的领子耷拉在外面，头上已经没有了乌纱帽，散乱的头发被寒风一吹，不时遮住了脸，一会儿又散开了，两只青筋凸出的大手分明想努力抓住木栅栏，手腕上和脚上的铁镣铐不时地发出“哐啷”的碰撞声，两只疲惫但有神的眼睛坚定地望着前方，因长时间脱水而干裂泛白的嘴唇紧闭着。

李贽回过神来，拉着旁边估衣铺里的年轻伙计问：“这位小兄弟，不知囚车里关押的是哪个贪官坏官，犯了什么法，为什么弄得这样狼狈？”

“哼——”没想到这个伙计竟然用力甩掉李贽的手，别过脸去，不搭理他。

李贽莫名其妙碰了钉子，要依着原来的性子，他是不会再去理睬那个伙计的，但他实在好奇，还是耐着性子，对伙计说：“这位小哥，请不要生气！我初来乍到，就是随便问问，不知道有什么地方言语冒犯，请你多多原谅！”

伙计好像听出了李贽官话里夹的南方口音，脸色好看了许多，向李贽赔过不是，又压低了声音说，“客官有所不知，这位可是鼎鼎大名的杨老爷，名讳继盛，保定府容城县人氏，官职是兵部武选司员外郎（从五品官员），在到处是官的天子脚下，算不上什么大官儿，可大家没有谁不敬重他老人家的！”

伙计越说越兴奋，连连竖着大拇指：“要说杨老爷，算得上天底下第一好官儿，真是条汉子，当朝的阁老都没办法收买拉拢他。蒙古人都打到我们家门口了，这阁老和他的手下不但不抵抗，还不许别人说话，甚至连皇上都敢哄，您说可恨不可恨？杨老爷想把真相告诉皇上，阁老他们着了慌，看堵不住杨老爷的口，就想尽办法害他。嗨，可惜，可惜呀——”

“伙计，快来帮把手儿！”忽然听到掌柜的在喊。伙计慌忙打住话头，一边回着掌柜的话，一边拱了拱手，跑入店中去了。

这边李贽早已经听得睁圆了双目，两把眉毛拧在了一起，一股怒气直冲脑门，气得头发也根根竖了起来，好像连帽子都快被顶了起来。

细心的戴一俊眼见着要坏事，连忙拉着他的衣袖劝说：

“卓吾兄，免生气，免生气，咱是来赶考的！”

“慢！”李贽一边挣脱了戴一俊的牵扯，一边扬起衣袖，一步跳到当街，一声大喝，拦在了驶来的囚车前。

“吁——”赶车人没想到有人敢当街挡道，怕撞到马车前猛

然刹住脚步的押车护卫，赶紧使劲拉缰绳勒住了马。

护卫看到一个长得清瘦、书生模样的人竟敢拦路，“啪”的一下，高高扬起了手中的皮鞭，怒骂道：“你这瞎了眼的狗奴才，真是吃了熊心豹子胆，没看到这是皇上亲自点了名的重犯吗？竟敢拦路！真是不要命了！”

眼看着鞭子在空中划出一道弧线，夹带着“呼呼”的风声，重重地落在李贽的肩膀上。李贽分明抖动了一下，他咬了咬牙，一字一句地说道：“这位官差，我是刚从南方过来的读书人，和这车里的人既不沾亲也不带故，只是看他满身伤痕，连嘴唇都干裂了，想替他讨碗水喝，不知道可不可以？”

旁边的百姓看到他这么勇敢，加上平时也很敬重杨继盛，都在旁边帮着腔。

护卫心里想，这不要命的书生还真有点倔，再说还要赶快把犯人押送到监牢里，别犯了众怒，耽误了皇上的差事，就勉强答应了。

李贽接过从旁边店铺中递过来的水，走到囚车前，侧着碗，送进栅栏，用双手恭恭敬敬地把水端给了杨继盛，轻声说：“我是南方泉州府来的读书人，敬请杨大人解解渴，喝了这半碗水吧！”

杨继盛没想到在这样的情景下，还有年轻人敢给自己送水喝，于是在囚车里坐下来，在一阵镣铐碰撞声中接过碗来，一仰脖子，把水喝得一干二净，把碗递出囚车的时候，坚毅苍凉的眼神中，多了几许温和与赞许，不由得仔细打量起这个年轻人：他的身材比普通的南方人稍微高挑一点，站在当街，显得有点清瘦突兀，两道浓眉下嵌着一双炯炯有神的眼睛，正热切地望着自己，由于高仰着头，帽子上的两根带子很张扬地飘在脑后……

“开路了！”不等杨继盛再看个仔细，押送囚车的队伍又重新上路了。李贽轻轻地闪到路边，对着囚车行了一个鞠躬礼，一直到囚车远去，才直起腰身。目送杨继盛远去后，李贽他们继续前往福建会馆。

二月初，会试在贡院举行。北京贡院的范围和考试的规模比福州的大了许多，但会试的程序和乡试差不多，只是题目和内容有所增加。

李贽身在考场，满脑子晃动的却是杨继盛在囚车里的模样。他边答题，心里却在想，无论当了什么样的官，如果不能为国家和老百姓办事，这样的官当起来都没有什么意义，但真正要当保境安民的好官实在是难上加难。

三场考下来，李贽心里觉得很失落。果然，考试结果公布后，同来的人中，只有戴一俊和李伯遇在这一科会试高中，要留下来等着参加后面由皇帝亲自主持的殿试。

李贽静下心来一想，自己本来对功名的事情就没有多大的兴趣，干脆收拾好简单的行装回了泉州，顺路饱览祖国的大好河山。

虽说这一科没能考上，但看到李贽平安归来，家里人还是非常高兴。而李贽由于几个月没有见到弟弟妹妹，觉得他们好像一下子都长大了，想想自己几年来总是外出奔波，对他们关心太少。他为了尽到长兄的义务，在和祖父、父亲商量后，拿出家里可怜的一丁点积蓄，在接下来的两三年里，帮助弟弟妹妹们办完了婚姻大事。

抗倭守土

嘉靖三十五年（1556年），在家里人的动员下，李贽事隔三年第二次到北京参加会试，结果仍然没有考上。

教谕是管理县里教育事务的官员，宋代时开始设置。

国子监为封建时代最高学府，中央官学；南京是明朝的陪都，在那里照样设了与北京对应的机构和官职。

这一年对他来说有喜有悲：长女的出世给他带来了家庭的欢乐，而长子不幸夭折的悲痛则时时笼罩在他的心头。

按照明朝的规定，在取得了举人的资格以后，如果参加两次会试没有被录取，就有条件申请派任一官半职。

为了能有比较固定的收入来维持一个大家庭的日常支出，李贽提出申请，在离家比较近的江南一带担任官职，但最终却被派往离家几千里外的河南卫辉府辉县担任教谕（管理县里教育事务的官）。所谓“吃公饭、听官差”，李贽再一次整理行装，带着一家老小的思念和祝福，跋山涉水、风餐露宿，在漫长的旅途后终于到达辉县。

按照官场惯例，李贽见过了县官李愚等人，赶快回到自己办公、住宿的地方。在接下来几天的接触中，他感到这县官不是很注重文化教育，李贽除了应付一下简单得可怜的公务以外，连续几天躲在房间里，思考一些人生道理。

没想到李贽在辉县这一待就是三四年，县官也换了两个。虽说他打心眼里瞧不起他们，但还是在力所能及的范围内，提倡德行，做一些有益于文化教育的工作，得到了辉县人的尊重，也结交了一些有共同兴趣、能谈得来的朋友，比如赵永亨、邓林材等人。

嘉靖三十八年（1559年），李贽升任南京国子监博士。到南京上任后几个月，喜讯还没来得及送回家乡，从泉州来报丧的人守制也叫“丁忧”。大概从汉代起，遇到父母或祖父母等直系尊长的丧事，儿子或长孙要在家守孝27个月，在此期间，不任官、应考、嫁娶，不喝酒、不洗澡、不剃头、不更衣，并停止一切娱乐活动。如果是官员，还必须辞官停职守制，后来演变为一种固定的制度。

就到了。原来李钟秀因思念长期在外的长子，加上长年操劳落下的疾病，已在一年前去世，因为路途遥远，凶讯才刚刚送到。

听到父亲不幸去世的消息，想起他和蔼严正的面容，如同古人说的“子欲养而亲不待”，自己再也没有机会报答父亲抚养教育的恩情，李贽有一种天塌下来的感觉，立刻哭昏在地。不知道过了多长时间，他才慢慢醒来，跌跌撞撞地上街买了丧服穿戴起来。经过旁边人的慰问和提醒，他向上级请了假，匆匆忙忙赶回家守制。

没想到，这次回乡除了路途依旧艰辛外，又赶上倭寇大规模骚扰袭击我国沿海地带，李贽的旅程充满了冒险色彩，好几次险些落入贼寇之手。他和仆人李安不断变换交通工具和路线，终于在第二年初，过洛阳江，走塗门水关，在泉州城南德济门吊桥外上岸，回到朝思暮想的故乡。

这时的泉州城门紧闭，城楼上刀枪林立，旗帜飘扬，还能隐约看见箭垛后面站着一个个瞭望哨，可见战事吃紧。

李贽赶紧带着李安拐入街巷，几乎是一路小跑着找到家门口。主仆二人定睛一看，吃惊不小。哪里还有浯江祖居的影子，只剩下两三堵破败低矮的墙壁，残砖断瓦到处都是，一些没有烧完的梁柱七零八落地横在地上，混杂着被烧得认不出模样的东西，旁边一大片房屋也被烧光了。看到这种惨状，李贽几乎伤心地昏了过去，还是扶着他的李安一直安慰他：“主人不要悲伤过古代称侵犯我国沿海的海盗为倭寇，其中有一部分是日本人，因此有人也称日本人为倭寇。

度，家里人已经找到安全的地方，住了下来也说不定，我们还是先看看再说吧。”

正在他们在废墟间徘徊感伤的时候，不远处一个短打装束的人在向这边招呼，原来是当年卖豆腐的孙二郎。

李贽几步挣扎着，来到断墙边，望着孙二郎走来的方向行了一个礼，迫不及待地问：“孙二哥，我是李贽！不知最近我们这边倭寇是否来过？乡亲们都去了哪里？有没有见过我的家人？”

“可不是嘛，李大先生！去年的三月份，那该死的倭寇打到府城西南边，攻到石笋桥，烧了一大片民房，抢了东西，又杀到南边的安平镇，没拣到什么便宜，又杀回府城南门外的顺济桥。万大人带领乡兵抵抗‘矮脚鬼’。这‘矮脚鬼’来无影去无踪，人一靠岸就烧毁船只，个个狡猾凶狠无比，人人头缠一块白布，惯用一把长刃刀，打仗时三五成队，互相间隔又头尾相连，打不过就吹海螺互相救援。”

孙二郎抹了一把眼泪，接着说：“眼见着万大人他们就要把贼兵的势头压下去的时候，‘矮脚鬼’来了无数援兵。万大人的刀刃都砍得缺了口，只好咬了牙，下令往南城门方向撤退。没想到，南门外各村的老弱妇女，也在这个时候拥入泉州城。一时人喊马叫，兵民混杂，全都挤在一座桥上，只听‘轰’的一声巨响，桥塌了一大半。眼睁睁地看着人们一个一个往江面上掉下去，再加上‘矮脚鬼’在后面追着砍杀，那哭的、喊的、缺胳膊女儿墙指建筑外墙高出屋面的矮墙，主要起安全防护作用，有时兼顾防水。

断了腿的、没了脑袋的——晋江水都红了，真是惨呐！”

听着孙二郎的哭诉，李贽的手都攥出了水。

“贼兵砍杀了一阵，看到桥断了，又掉转方向，登上车桥头，把店铺民房烧抢一空，在城下围了几个月，才撤兵回去。我因为出外卖豆腐，才躲过了鬼门关，可家里的老幼来不及逃出，竟都被活活烧死。”说到这里，孙二郎又撕心裂肺哭了起来：“惨啊，活蹦乱跳的人，一转眼变得像黑炭头，都辨不出原来的模样了，天杀的‘矮脚鬼’啊！”

李贽听着这撕心裂肺的哭声，只能陪着默默流泪。

“你们老李家还好，在贼兵第一次撤离后，因为排铺街邱姑的动员，住到城内她们家去了，估计情况还好。可今年，贼兵们又打来了。这不，全城戒严。我因为前一阵子出来，一时回不去，干脆到老宅看看，没想到就碰上您了。”孙二郎抹着眼泪接着说。

“好兄弟！看你的样子，应该好久没吃东西了，还是先填一下肚子，我们一起想办法进城去！”说着，李贽让李安捡起刚才掉在地上的包袱，取出干粮给孙二郎吃。过了一会儿，三个人稍微收拾整理了一下。李贽不顾李安在旁边又是使眼色又是扯衣服的，硬是从李安手里掰了点散碎银两，转手塞给了孙二郎，然后三人结伴来到了南城门的吊桥边。

“城下的人不许再往前走，否则就放箭了！”猛听到一声俞大猷是泉州晋江（今洛江区）人。因抵御倭寇，纵横东南，威震敌胆，功勋卓著，与另一抗倭英雄戚继光并称“俞龙戚虎”。

吆喝，三个人一抬头，真的看到城墙上的箭垛里露出了一个个箭头。

“李大先生可能不知道，打仗的时候，这城门关得紧，加上倭鬼经常扮成百姓的模样来赚开城门，一般情况下很难进出，这可怎么办？”

李贽从容地往前走了一步，摇晃着双手，大声喊：“城楼上的士兵兄弟听好了，我是浯江人李贽，南京国子监博士，家都被倭寇烧光了，想进城找亲人，麻烦你们通报一下！”

“抗倭期间，不得随意进出城门，再说谁又知道你是不是倭寇假扮的呢？”

李贽有点生气地抖动着自己身上的从八品官服——好歹是离家乡近了，李安软磨硬泡让他穿上，终于派上了用场：“我虽然级别不高，好歹是朝廷的官员，这也假冒得了吗？”

“下面来的，是不是李家的大先生李贽？还认得我妙空和尚吗？”突然，城池的女儿墙上晃出了一颗光脑袋。

李贽使劲瞪大了眼睛抬头看，不由得笑出了声。城楼上真的是府城东门外，凤山南少林禅寺的武僧——妙空和尚。李贽早年曾经和他有一阵交往，还在他那里学了一些拳脚功夫。

“妙空师傅，不是听说你们跟随俞大猷都督到外省抗击倭寇去了，怎么还赖在泉州城啊？我刚从南京回来，麻烦你跟守城的将军说一说，放我们三个人进城，等一下，我也来加入你们的队伍，好吗？”

于是，妙空和尚马上进去通禀，不久，只见旌旗招展，他和几位武将装束的人出现在城楼上。中间站立的将军头戴铜盔、身披铠甲，胸前的护心铜镜闪闪发光，人长得方面大耳，三绺长须飘飘，很有威严和风度，说出话来声音洪亮：“很久以前就听说，李先生是我们泉州府出了名的学士，能写文章会说话。今天真是闻名不如见面了。我万民英一向最敬重有气节的读书人了。来人啊！落吊桥，放李先生进城！”

话音刚落，随着一阵“哐啷啷”的巨大声响，高悬半空的吊桥落了下来。

李贽双手抱拳，对着城楼深深地鞠了一躬：“多谢万大人，万大人太看重我李贽了，倒是我一到家乡，就听说了万大人带领乡兵，勇敢抗击倭寇。大人保家卫国的英雄气概才真正令人钦佩！”

李贽三人道过谢以后，匆匆进了城。李贽他们直接赶往排铺街。敲开紧闭的大门后，一家人重新见面。想起去世不久的亲人，李贽和弟弟妹妹们又是抱头痛哭一场。李贽换上孝服后，刚和家人说了一会话，就听见一阵号角声传来，原来是倭寇又来

泉州清源山上俞大猷练胆石——上题“君恩山重”

瓮城：围绕在大城门外的小城，用来加强防御。

进犯了。李贽站起身来，用低沉而又坚定的语调说："弟弟们，我们是泉州人，现在敌人都打上门来了，保家卫国是好男儿的神圣职责！我们应该到城楼上，到田野里去杀敌！虽然我们不是军人，又还在服丧期间，但为国出力就是对父亲最大的'孝'，父亲他老人家平时不正是这样教育我们兄弟的吗？我想，他老人家如果地下有知的话，一定会很高兴的！"

弟弟们平时都很敬重大哥，马上就行动起来。李贽又去联络同宗族的人，兄弟几个系紧孝服，尽量找出一些能够作武器用的器械来，妇女们则拿出有限的粮食制作干粮。

于是，李贽祭拜过父亲后，就率领弟弟们和宗族里的年轻人出了排铺街，经过义全宫口，走向德济门。

二三十人的队伍，穿着不同的服装，拿着各式器械，有梭镖，有刀枪，甚至有石匠用的钎子、挖地瓜的铲子和削尖了的木棒。虽然他们看起来有点不伦不类，但人人神情严肃，斗志昂扬，步伐也慢慢变得整齐统一，很快到了德济门内藏兵的瓮城前。

早听得外面喊杀声震天，李贽他们三步并作两步，急忙从城楼西边的石阶登上城楼。刚上城楼的李贽，被迎面冲过来的人撞了个满怀。他定睛一看，原来正是妙空和尚。

李贽脱口嚷道："和尚，你熟悉情况，赶快安排我们一个任务，我们也想杀敌卫国！"

“文官做武事，大先生也来守城杀敌，太好了！现在倭寇攻势很猛，情况危急，万大人派我去报告知府大人，你们还是先到城楼上去吧。”

“先看看情况再说吧，还是别忙着走。”李贽一边急着扯住妙空，一边扫了城下一眼，只见德济门外浯江岸边拥来黑压压的人群，队伍的最前面是逃难的百姓，里面却躲着挥舞刀剑的“矮脚鬼”。

原来，凶残的倭寇在府城周围的村庄不但一直捞不到什么便宜，还经常遭到反抗。他们就随处抓来一些手无寸铁的村民，用刀剑驱赶，逼迫他们走在前面，作为攻打府城的“挡箭牌”。走得稍微慢一点的，立刻人头落地。混杂在百姓中的部分贼兵，靠着“人肉盾牌”的掩护已经快到城池下了。城上的士兵投鼠忌器，对着城下弯弓搭箭干着急，手心都攥出了汗，就是不敢发射出去，怕误伤了父老乡亲。

时间一分一秒地过去，情况确实紧急到了火烧眉毛的地步，再不赶快想出办法来，会有更多的人死于非命，李贽急得双眼都快冒出了火。

“大先生，你能不能先松一松手？”妙空嚷嚷着提醒他。

“哦，对不起，对不起！”李贽因为情况紧急，使劲地捏住和尚的手不放。这时连忙松开手，马上又扯住和尚说：“依我看，还是到城楼上跟万大人商量一下为好，必须马上救急。”

说话之间，同样满面怒火的万民英听到动静，迈着大步迎了过来：“李大人来不及料理家事，就跑到这杀气腾腾的地方，真是令人感动啊！”

“我们就不客气了。请问万将军，德济门这边现在还有多少兵力？”

“算上我指挥的乡兵、府兵，和俞大猷将军留下来助阵的50名僧兵，只有1350人。”

“那好，我有个想法，不知道行不行？”

“请您快讲！”

“请将军率领500人坚守城池，坐镇指挥。从这些人中调派神箭手，再安排声音洪亮的人，准备同时向难民喊话，告诉他们就地卧倒或者蹲下，然后让射手瞄准贼寇放箭，让百姓与贼寇分开；由我带300人出水门，分队乘船到富美渡头上岸，准备袭击贼兵的西南角；请妙空师父带350人出塗门水关，争取在沟后村或后田村一带靠岸，借着龙眼树林的掩护，迅速偷袭敌人的东南角，并且阻止敌人战败后从这里逃窜。另外，临漳门附近还没有敌人，可以请求援助，希望能够拨出一些士兵，乘船靠近或者瞭望富美、车桥头，看战斗状况机动增援这两个地方。同时派人把情况报告给知府大人。准备就绪后，我与妙空一起在西南和东南两个方向发起袭击，敌人必然惊慌失措，会掉转头来和我们交战。城楼上的人这时要趁机齐声向难民喊话，弓箭手一齐放箭。这时，受惊的人群中，肯定会有一部分想要拥进城来，请万大人千万要放他们进城，让武艺高强的少林僧兵把守好城门，剩下的150人坚决守住瓮城，接应难民和支援僧兵。万大人负责总的调度和指挥，我带来的子弟，挑选一些给大人，剩下的跟着我。不知道这个想法行不行得通？”

“看来，李大人不但精通文章时事，而且熟读兵书战策，调度安排起来缜密周到，连我这老兵都远远比不上您喽！照目前的情况来看，也只能这样了。不过，敌人大多使用近身兵器，我这城楼上的兵，还是再拨一部分下来，协助坚守城门。”万民英拍了一下额头，接着说：“李先生是文官，能够亲临战阵出谋划策，就已经非常了不起了，哪能让您再冒险出阵，那还要我们这些将士干啥？我另外派一名武将去——来人啊，把李先生请到城楼议事厅里，我要跟他接着商讨对策。”

“感谢万大人一番好意，如果不让李贽上阵杀敌的话，我只有从这城楼上跳下去，以谢乡亲父老！”看到他这么坚决，万民英拿出一副铠甲送给了李贽，三个人互道珍重后，马上带领队伍分头行动。

倭寇受到两面夹击后，果然丢下难民，掉转头来和他们交战。战况基本上按照李贽的预想发展，而且，逃难人群中的很多青壮小伙，看到自己人的队伍来了，也都勇敢自发地起来参加战斗，帮助消灭敌人。战斗持续了一个时辰，大部分倭寇被歼灭，剩下一小股敌人逃往车桥头，最后也被知府派来的援兵和附近的村民消灭在海滩上。

泉州军民已经好长时间没有取得过这样的胜利了。城楼上，城门外，沙滩上，海岸边，被敌人烧过的废墟上，到处一片欢呼和呐喊声。刚刚获救的难民，听说是李贽的奇谋巧计挽救了他们，都激动地到处传诵着他的名字。

写《荔枝记》

“老爷，老爷，不好了，可出大事情了……”李安几乎是一路小跑着冲入书房，上气不接下气地嚷道。

前些日子，李贽带领族中子弟，协助官兵抗击倭寇，守卫府城，因祖屋被倭寇烧毁，暂借排铺街邱姑家居住。邱姑知道李贽经常要写文章，还特地给他腾出了一间书房。这几天没什么事，他就在书房里翻看书籍。

“李安，到底出了什么事情，你这样一惊一乍的？”夫人黄氏喊住李安，李贽也放下了手中正在看的北宋蔡襄所著的《荔枝谱》。

“夫人，老爷，胭脂巷苏六公家中的二小姐跳井自杀了！”李安喘了一口气，急急忙忙地说。

“哦，竟然会有这样的事情？”李贽皱起了眉头。

“可不是嘛，这苏二小姐我是见过的。苏六公带她到过咱们家，不是还向老爷请教过写文章的问题嘛。”李安擦了一把额头上豆大的汗珠。

“对，对，这小姐闺名叫雨花，听说是因为敬佩唐末诗人韩偓。韩偓游览我们泉州的清源山南台寺后，写过一首诗，其中‘四序有花长见雨，一冬无雪却闻雷’这两句最有名。她就从诗句中摘了两个字，为自己取了闺名，家里原来替她取的名字反而不用了，却也拿她没有办法。人长得漂亮大方，知书达理。前几次据说是硬缠着她父亲，才来到我们家，跟我谈了一些学问上的事情，还挺有主张的，应该算得上泉州府难得的女才子了！没想到这么活泼可爱的女孩子会去寻死，到底是为了什么？”

“那些‘矮脚鬼’被消灭以后，您大部分时间都待在这书房里看书写字的，外面的事情不大清楚。我前两天去西门外丰州，送信到夫人娘家的时候，在街上就听到人们都在议论这苏家二小姐的事。”李安竹筒倒豆子似地把听到的情况说了出来。

原来，这苏家也算得上泉州的世家大族，曾有很多人中过功名，所以很重视教育，长年请了有学问的老师来教导家里的子弟。

苏雨花从小跟着两个哥哥，在家中的私塾学习。本来只是陪读而已，没想到“有心栽花花不活，无心插柳柳成荫”——两个哥哥成天贪玩，学了个“半桶水”；苏雨花却是饱读诗书，反倒装了满肚子的学问。大家都说是宋朝的苏小妹转世重生，弄得苏六公是一半欢喜一半担忧。没办法，他就当女儿是女秀才来看。可惜，当时女孩子是不能参加科举考试，更没有资格外出做公事的，就连苏雨花前几次到李贽家都是硬缠着父亲才能去的。

苏六公看到二女儿这么有才学，岁数又一年年增长，想为她找一门好亲事。后来，打听到府城东街相公巷里庄大户家的三公子庄俊秀还没有娶亲，而且人长得英俊潇洒，又刚刚考取秀才，和女儿正好般配。经过媒人的说合，双方的家长都非常满意。庄俊秀听说能娶上这如花似玉的才女，更是乐得合不拢嘴。

不料，苏雨花后来听家中的丫鬟、老妈子私下里闲谈，知道这庄三公子虽然外表长得好看，内里却是绣花枕头——草包一个。听说好不容易挣得的秀才，还是花大价钱请人替考得来的。

苏小姐知悉内情后，几次抗争无效，又实在不甘心嫁给一个草包，耽误自己的一生，就在迎亲的前一天晚上，决定带着青凤出逃，没想到刚离家门不远就被发现了。眼看着快被府里的家丁追上，她一横心，跳了巷口的胭脂井。苏六公又痛又怒，让人把青凤暴打了一顿，叫人贩子卖到不知名的地方去了。”

黄氏在一边早就用手帕抹开了眼泪：“这么好的女囡仔，说走就走了，我也是跟着见过面的，活蹦乱跳的，唉！”

李贽阴沉着脸，一句话也不说，焦躁地在书房里来来回回地走，房间里一时间只听得到他拂动衣袖的风声和大口的呼气声。

黄氏知道丈夫的脾气，也不敢劝他，回头叫李安去架好炭炉，用前天特地从府城北边清源山上挑回的“虎乳泉”水，煮了滚烫的一壶茶。不一会儿，整个房间飘起了一股醇厚甘鲜、清洌甜蜜的香气。

“老爷已经很久没有在家里喝上家乡的茶了，今天就多品几口吧！”

“茶虽然不错，可这雨花姑娘死得不值啊！”李贽很快又丢下茶盅，眉心重新拧成了一个“川”字。

“可我们又能够怎样呢！自古以来，婚姻不都是靠父母主张、媒人拉线的吗？难道我们夫妻不是这样吗？何况人死不能复生。”

“话是这样说，可我们夫妻不一样。我总觉得心里憋着气，我应该做些什么，雨花姑娘不能白死！”

两人静坐了一会儿，李贽忽然神采飞扬起来：“夫人，我可以用手中的笔，对，可以写一篇文章。不，我要写一出剧本，嗯，写什么好呢？”他像是在问自己，又像是在问黄氏。

黄氏接过话头：“老爷，是不是编写一个故事，来替有苏姑娘这种遭遇的人说话，早先流传在我们泉州和广东潮州的陈三和五娘的故事，不就很相像吗？”

“对，对，夫人都成女秀才了！”黄氏的一句话提醒了李贽，李贽不由得夸了起来，弄得她都有点不好意思了。

说干就干，李贽马上喊来了李安，准备了笔墨纸砚，让家里能帮上忙的都动起手来：拆纸、铺纸、磨墨、掌灯、剪烛。一阵忙碌准备好后，李贽坐到书桌前，手握狼毫笔，凝神静思，脑海里一会是苏雨花活泼俏丽、好学求知的面容，一会是她以泪洗面、愁思满怀的身影，一会是庄俊才的游荡和轻浮，一会是苏六公在逼婚时的无奈和恼怒，一会又是遍体鳞伤的青凤……

时间一分一秒地过去，书稿已经堆了一叠，李贽的眼前似乎也飞快地晃动着无数剧中人物的身影：

“千门万户曈曈日，总把新桃换旧符”的时候，古老的官道上，南国的春天来得更早。泉州书生陈伯卿（泉州和广东潮州民间传说中的“陈三”）正放马而行，护送嫂嫂前往广东，寻找担任广南转运使的哥哥。

经过长途跋涉，一行人来到了广南重镇——潮州城，正赶上上元宵佳节。异乡的灯会，让陈三遇上了潮州大户黄九公的女儿——黄五娘。这对风华正茂的年轻人一见倾心，绣着南国仙果——荔枝的锦绣罗帕，成了爱的见证。

谁知平地起风波，黄九公把五娘许配给了富户林大。五娘虽然不愿意，却无法改变父亲的决定，只好暗地里伤心流泪。

陈三为了接近五娘，化装成磨镜师傅，来到了黄府，并故意打破铜镜，假装没钱赔偿，卖身黄府，成为佣人。五娘和陈三近在咫尺，却不能相见。

林大一再前来逼婚，期限越来越近，丫鬟益春穿针引线，一对年轻人决心勇敢

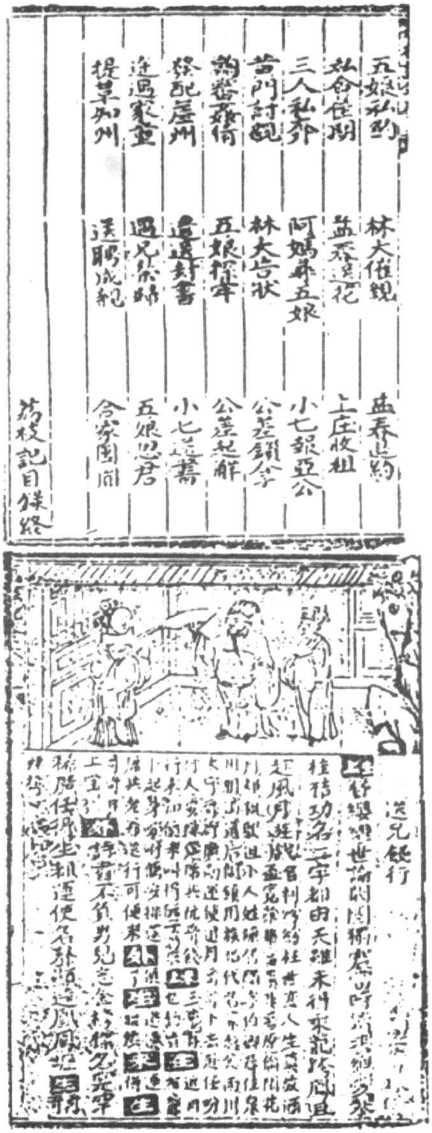

《荔枝记真本》目录及头出书影

出逃，大胆去追求自己的自由和幸福……

随着剧情的发展和深入，李贽的脸色也由晴转阴，由阴转晴，一会儿自鸣得意，满脸春风；一会儿黯然神伤，热泪盈眶。极度的兴奋和悲伤，加上疲劳，终于使他趴在桌上，昏沉沉地睡了过去。

黄氏拿过一件被单，蹑手蹑脚地走到李贽身后，轻轻地为他盖上。正午的阳光透过窗棂照了进来，书房里有了暖融融的感觉。她挥挥手，让家里人离开，接着自己也走到卧室休息去了。

不知过了多久，李贽还没有醒过来，他的府学同学、同科举人王徽猷和郭培之，知道李贽回家，特地到排铺街邱家探望他。

一走到书房，王徽猷快人快语："哎呀，太阳都要下山了，李兄还在大做神仙梦，不知道见到了周公没有？"

"哎，小心点，别踩坏了文稿！看来卓吾兄又有大部头的杰作要问世了！"看着屋子里四处叠放的文稿，郭培之赶紧提醒王徽猷。

两个人也不和被惊醒过来的李贽搭话，各自抓了一把文稿就读起来。

"陈伯卿送嫂探亲，半路巧遇黄五娘，通过初次见面和后来的相互了解，荔枝罗帕牵红线，铜镜推波助澜，成就了一段美妙姻缘，却也是千古佳话。卓吾兄文章写得好，这戏剧也编得有声有色，真是可喜可贺啊！"郭培之发自内心地赞叹道。

王徽猷边翻动纸页，边说："刻画人物，入木三分，安排情节，引人入胜，让读者陪着剧中人物一起高兴，一起忧愁，写得真好！可是，这'父母之命、媒妁之言'是千百年来的定论，谁改变得了呢？"

"二位仁兄，夸赞的话我就不客气了。至于这年轻人的事情，我是要说一说的。《孔雀东南飞》我们可是都读过的，焦仲卿和刘兰芝的悲剧，你们是同情还是瞧不起呢？谁看了牛郎织女的戏文，不会流下同情的眼泪？如果说这些都是文人们编写的，那么南宋大诗人陆游和唐婉的故事难道不是真的么？还有，胭脂巷的苏姑娘可不活生生地跳了井？可见，我们老辈人规定的很多东西，对现在是不适合的，有的甚至害了千千万万的人。你看，把两个素不相识，甚至相互之间性格差异很大的人，硬是拉在一起，可能表面看起来身份很般配，其实造成的痛苦和伤害又有谁知道呢？”李贽越说越激动，声调也高了起来。

被惊动了的黄氏掀开门帘，赶紧向王、郭两位客人问好，岔开话题。

就这样，李贽通宵达旦完成的《荔枝记》，很快被热心的友人送到书坊刻印出版。它清新流畅的语言、细腻动人的情节，特别是勇敢追求幸福自由的主题，吸引了大量读者，很快被搬上舞台，从泉州一带向全国其他地方传播开来。

李贄橋碑亭

第三章

为官一任，造福一方

李贽成为举人后，先后调任多个官职，他因为无法忍受官场的束缚，仕途一直不顺。但他在此期间接触到王阳明等人的思想，与友人频繁探讨学术。在他每一个地方的任职上，都努力为当地百姓谋福祉，受到百姓的拥戴。

居官游学

嘉靖四十年（1561年），李贽在泉州老家为父亲守满三年的孝后，带着家里人和一个叫庄凤文的少年回去销假（请假期满后向主管人员报到），等待重新安排工作职务。

庄凤文是李贽在福建晋江五店市结交的好友庄君显的二儿子。李贽在和他交往的过程中，发现这个孩子聪明好学，所以很疼爱他。

在这前一年的时候，庄凤文祖父的坟墓被倭寇挖掘，弄得尸骨到处都是，这对他们家来说是天大的羞辱和不幸。他的父亲和伯父怒不可遏，散尽家财，召集了100多人的敢死队，沿晋江逆流而上，赶到江水上游西溪和东溪的交汇处——双溪口，与南安兵会合后，英勇奋击倭寇，攻下了十几个被占领的寨子，抢回了先人的遗骨。然而在撤退的时候，为了掩护大队人马，庄君显走在最后面，和追来的贼兵格斗，当场英勇牺牲。李贽于是把成为遗孤的庄凤文带在身边，一来安慰烈士的英灵，二来可以对孩子进行教育、点拨。

李贽在京城待了很久，工作都没有安排下来，他就重操旧业，又当起了私塾老师，把庄凤文也安排到里面学习。嘉靖四十三年（1564年），朝廷的批文才下来，李贽被分派到北京国子监担任博士，和在南京时的职务一样。但就在这时，老家传来了李贽祖父过世的不幸消息，他的二儿子也在这前后生病夭折了。

接二连三的打击，让李贽痛苦万分。爷爷从小就那么疼爱自己，临终之前，自己却未能见上一面，李贽在心里深深地责备自推官一职从唐代开始设置，主管刑事诉讼一类事务，该职位在清代康熙年间被废除。

己。再想到祖上几代人的棺木还寄存在寺庙里，没有入土安葬，他的心早就飞到了泉州。

因为手头资金实在不够，李贽没法带着黄氏回老家，他把朋友送给自己用于吊丧的银两和可怜的积蓄拿出一小部分，在辉县买了几亩地，把妻子和女儿安置在那里，其余的全部带回泉州，作为安葬先祖的费用。

当他一路风尘仆仆，历尽曲折，把祖上几代人的骨骸安葬在泉州府城外的东岳山上后，为了完成妻子的嘱托，又专程去了一趟府城西门外的丰州探望了丈母娘。在替爷爷守了三年孝后，嘉靖四十五年（1566年），李贽告别了家乡的亲友，再次匆匆北上，赶回辉县。

一进家门，迎接李贽的是妻子的满脸泪痕。不幸的消息又一次如同晴空霹雳响起——

李贽《三义碑》

就在李贽回泉州后不久，因为辉县发生灾荒，黄氏只从地里收回几十斗稗子。这种在平时只能当作饲料用的作物，年幼的二女儿和三女儿实在吃不下。当母亲的竟然只能眼睁睁地看着两个孩子活活饿死，黄氏他们也挣扎在死亡线上。

这个时候，李贽早年的文友邓林材被派到卫辉府当推官，救济灾民。有人把这个消息告诉了黄氏，劝她到邓林材那里寻求帮助。黄氏认真地说：“如果他挂念旧情的话，不用请求，也会自己来；如果他不知道我们娘儿个的困境，那也不能厚着脸皮去为难人家啊！”

不久，邓林材听说黄氏身处绝境，马上拿出自己的一部分薪水，派人送给黄氏。黄氏用一半的钱买了谷子，另一半买了棉花来纺布，就这样苦苦熬过了三个灾荒年。

听着妻子含泪的诉说，李贽痛不欲生，他甚至怀疑自己可能是个不吉祥的人，专门到人世间来遭罪：当了教谕，和县里的官员常常意见不合；当了博士，和国子监里的上级——祭酒、司业往往看法不同；职务一有变动，家里就会发生变故……

黄氏停住了哭泣，过来扶住李贽，大女儿李恭懿（李贽的大女儿没有留下名字，谥号为“恭懿”）和庄凤文一起偎依在他们身边。李贽和黄氏整个晚上都难以入眠，就这样守着蜡烛在窗前流泪，呆坐到天亮。

当李贽还沉浸在失去亲人的痛苦的时候，大约在秋末冬初，他接到了通知，到北京担任礼部司务的职务。

有好心人跑来对李贽说：“礼部司务是个穷官，还不如国子监博士。即使您能够忍受得了，可难道没听说过怎样才能不让自己贫贱吗？”

李贽平静地告诉他，在自己看来，所谓的“贫穷”不应当只王守仁，字伯安，浙江人，去世于李贽出生两年后，后来的人都尊称他阳明先生，是明朝著名的哲学家，高度概括“心学”理论。

限于物质生活上遇到的各种困难。不学习，没能够弄通“道”，也就是天地万物运动变化所遵循的秩序、方法和规则，才是人生最大的“贫穷”。自己十几年的南来北往，为的都是家中的事情，听说京师是人文荟萃的地方，现在自己正好可以拜师访友，增长学问。

同时，他还写了一首《富莫富于常知足》的诗，表达了自己对富贵和贫贱的看法：

富莫富于常知足，贵莫贵于能脱俗；
贫莫贫于无见识，贱莫贱于无骨力。
身无一贤曰穷，朋来四方曰达；
百岁荣华曰夭，万世永赖曰寿。

到了北京以后，李贽在友人徐用检和李逢阳的介绍下，经常参加文人们的集会，开始接触王守仁（又名王阳明）和他的学生王畿的思想言论及著作。

王阳明认为“心”是世界和宇宙的根源，提出“致良知”的学说，认为如果人缺乏良知的话，就是被自己的私心欲望所蒙蔽，就要用“格物”的方式去破除它们。王畿继承王阳明的学说，强调进入“顿悟”的境界，并进一步发展，把它和佛家的理论结合起来。

李贽从小就不喜欢阅读朱熹注解过的儒家著作。在接触“王派”学说以后，一向个性倔强、不轻易服人的李贽，却发自内心地喜欢上了它，感到同样是儒学作品，王阳明的就比朱熹的要

好，而且更实际、实用，认为他是当代的孔子，明白了“道”的人就和仙佛一样，在精神上能够长生不老。

有一次，天寒地冻，下起了鹅毛大雪，李贽已经断粮一周。主人家同情他，赶快煮了黄米饭给他吃。李贽接过来以后，也没顾得上看一下是什么饭，就狼吞虎咽地吃得精光。吃完后，他由衷地赞美到：“这稻米饭真是人间的美味啊！”

主人听了以后，忍不住哈哈大笑：“先生看来是饿得太厉害了！我哪里拿得出稻米来，这是黄米饭，只是瞧着有点像稻米饭罢了。您太饿了，所以觉得味道很美；觉得味道很美，所以就吃得很饱，也就没来得及看清是用什么米做的。”

听了这番话，李贽陷入了沉思，他领悟到，世间万事万物都是相通的，不管是哪家哪派的学说，只要是进步有用处的，就可以学习，各取其所长，综合运用。吃饭也是一个道理：北方人吃黄米，南方人吃白米，他们不会互相羡慕，如果让他们调换一下，南方人吃黄米，北方人吃白米，在饥饿的情况下，他们照样吃得很香。

后来，李贽开始研习老子的《道德经》，并阅读了苏轼的弟弟苏辙写的《老子解》。苏辙用儒家的观点来解释道家思想，李贽认为这是历朝历代以来研究、注释《道德经》最好的一本书，决定把它刻印出版，并且写了一篇《子由解老序》。

差不多在这个时候，李贽又迷上了《金刚经》，研究起佛理禅学。

李贽就这样在儒、道、佛三家的理论中去努力探索、寻求时代的真理。在他研究学术的同时，也并未改变对当时腐朽官场的看法。

在北京礼部担任司务的5年中，李贽结识了焦竑、周安（即焦闳（1540—1620），字弱侯，号澹园，江宁（南京）人，明代万历进士第一，官至翰林院修撰，是明代著名的思想家和藏书家，与李贽保持着密切的关系。

定林）等好友，但他照样和部里的最高长官合不来。尚书高仪、殷士儋，侍郎王希烈、万士和等官员，看到李贽就头痛。尽管如此，李贽发现，高仪并没有因为自己经常顶撞他而在工作上为难自己。相反，他觉得高仪为人正直，为官清廉，是难得的好官。只不过和自己对很多事情看法不同罢了。因此，他极力称赞高仪是人中的俊杰。还有稍后到部担任侍郎、尚书最后官至首辅（宰相）的张居正，李贽也由衷佩服他锐意改革创新的气魄和胆略，称赞他是最杰出的宰相。

隆庆四年（1570年），在李贽的申请和要求下，朝廷让他再次回到南京，转任南京刑部员外郎。临行之前，他的泉州老乡、著名的诗画家黄吾野写了诗歌《送李宏甫比部还留都》为他送别：

匹马都门外，萧然旧法曹。
人依争后席，僧乞别时袍。
片月江中白，孤云天际高。
秣陵更相约，夙昔爱诗骚。

南京城北面，鸡笼山下，玄武湖边，一片湖光山色，李贽在这里租了房子住下。除了有限的公务之外，他醉心于游览风光史迹，和文友们谈天说地，尤其是常与焦竑朝夕相处，探讨学问，成为莫逆之交。除了谈论学问外，他还日夜讲学。他讲学时强调“证验”，反对空谈。

这个月的十六日，又轮到李贽讲学，地点就定在附近的鸡鸣寺。这座寺庙的旧址原来是南朝梁武帝萧衍所建的同泰寺，后来几次兴废。到明朝初年的时候，崇山侯李新按照朱元璋的命令，在鸡笼山脚下重新勘测，亲自督建了鸡鸣寺。寺中供奉着观音菩萨，别处的观音大多是坐北朝南享受香火，可这里的观音菩萨是倒坐的，脸朝北望，佛龛上还挂着一副对子：

问菩萨为何倒坐，

叹众生不肯回头。

好一个“问菩萨为何倒坐，叹众生不肯回头”，李贽不由反复念叨着，很快又陷入了沉思：是啊，滚滚红尘，众生迷茫，不肯回头，菩萨只好自己回头，无奈我佛，真是禅机无限啊！

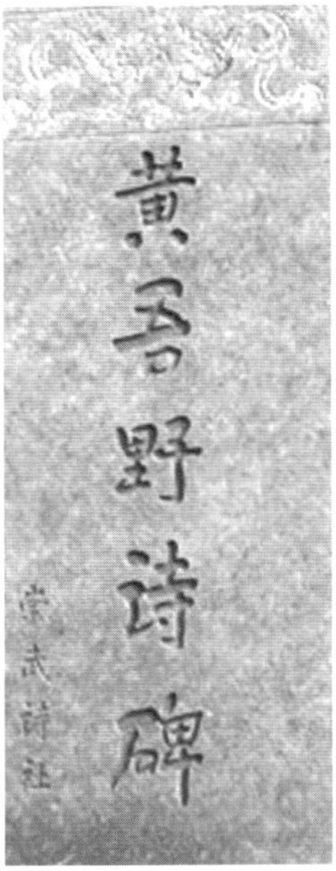

立于福建泉州崇武卫城的《黄吾野诗碑》

李贽和焦竑来到寺外，登上石台阶，跨过黄墙洞门，就是大雄宝殿。旁边的僧人问过讯，把二人接到客堂。只见先来的士子、学人早已在蒲团上席地而坐，黑压压的一片，看到李贽他们进来，一阵响动后又归于寂静，把眼光齐刷刷地投向李贽。

李贽也就不客气地走向讲坛，整理一下袍服，坐了下来，神情专注地说：“各位大多是饱学之士，十年寒窗，埋头苦读，要么已经过层层选拔，得了个一官半职；要么还在书山学海里跋涉。现在我要请问各位，这古往今来可有什么著作最值得推崇？可能有很多人会说，当然是孔孟大圣人、朱文公的大作！可是我李某人却认为不完全是这样。”

听到下面有小声的议论，李贽知道肯定有人不同意自己的说法，故意停顿了一会儿，扫视全场，接着往下说：“我以为，放眼宇宙，有这么五部大作——汉朝司马迁的《史记》、唐朝《杜子美（杜甫）集》、宋朝《苏子瞻（苏轼）集》，还有本朝施耐庵的《水浒传》、李梦阳的《空同子集》。

“当然，学有所长，术有专攻。学术的东西，允许大家有不同的看法和主张。”可能是为了照顾情绪，李贽缓和了一下语气：“大家都熟知孔子向老子问‘礼’的典故，但他老人家不也曾经被7岁的项橐难倒过吗？可见，我们不能把孔子的看法强加到任何事物上面，他也不一定全是对的。不怕各位笑话，我曾经在饥不择食的情况下吃了一顿饭。实在太饿了，吃起来觉得特别香，就以为是我们南方的白米饭，主人却告诉我是黄米饭！从中我悟出一个道理：求学做学问，不一定要限定是某某人的大作，我们就非学不可；相反，我们就不闻不问。

“王阳明先生在这方面是我们非常好的榜样，他老人家一生真正称得上是文武双全，作为文职官员，又能够带兵打仗的，开国到现在，他算得上头号人物。宁王朱宸濠为谋夺皇位，起兵反叛，他只用了35天就平息了叛乱，表现了非凡的军事指挥才能。‘百无一用是书生’的古话，用在他身上，就说不通了。而他一生吃尽了各种苦头，却能够坚韧挺拔，主张把真理交给大家，鼓励大家都来思考，不要单纯以前人的是非观作为今天的唯一标准，给我们留下了丰富的精神遗产。立德、立功、立言，他都做到了。难怪，临终前，问他有什么遗言，他安详地说：‘此心光明，亦复何言！’是啊，带着光明澄澈的心态离开，那还有什么放不下的呢？

“试问各位，大家都是饱读诗书的。所谓‘忠孝传家久，诗书继世长’，《论语》《大学》应该是倒背如流，可惜，有几个字却始终没有读透。”

听到这里，大家瞪大了眼，不信这从小读到大的文章里，有自己不明白的道理，都竖着耳朵听下文。

“要我说，《论语》开篇就讲到一个‘学’字，《大学》一开始就是‘大学’二字。这三个字，我敢说，诸位是不认识的！如果你认得‘学’字，就应该做到它后面所说的，别人不了解我们，我们也不要恼怒；认得‘大学’，就应当安静平和，无所顾虑。可是，我看我们很难办到，这就相当于我们不认得这三个字。阳明先生说得好：‘破山中贼易，破心中贼难’，我想应该就是这层意思吧。这大殿中的观音菩萨为什么要倒坐，脸还要朝北呢？让山向我走过来，这是不可能的，那么，我朝着山走过去，这总可以了吧。”

大家听了都默默无语，觉得似乎很有道理，但又跟自己平时学的对不上号，可就是无法反驳他。

姚安知府

万历五年（1577年），云南姚安府城南，观海楼前，51岁的李贽扶着黄氏从马车上下来，李安赶快过来伺候。

李贽笑着对黄氏说：“夫人啊，我不让你跟着到这烟瘴之地来，你不信，偏要跟着。你看，几千里的路程下来，可够你受的！这知府大人的夫人不好当吧？”说着，李贽伸了几个懒腰，想多少减轻些长途跋涉的疲劳。

黄氏帮丈夫揉了揉腰身，看了他一眼，故意假装埋怨：“反正李安也不是外人，说了不怕他笑，我跟着老爷都30年了，还真没吃过一顿像样的饭，觉也睡不安稳，更别提享福了。就说这次到姚安吧，我们三个人坐着一辆破马车，不像上任，倒像逃荒，

姚安德丰寺佛殿——李贽当年曾将德丰寺禅堂改为书院

够寒酸的。我呀，好不容易盼到老爷当上了四品知府，这姚安府甭说是远在云南，就是到了天边，我也非得跟来不可！到底，我得尝尝知府夫人的滋味不是！”

“算了吧，夫人就别拿李贽开玩笑了。这么多年来，如果没有夫人撑持着这个家，我真是不敢想象啊！你是我们李家的头号功臣啊！”李贽叹了口气：“就是不知道现在女儿、女婿那边怎么样了？”

原来，李贽夫妻见到庄凤文聪颖好学，和大女儿又是青梅竹马，两小无猜，就高兴地替他们完了婚。这次远到大西南，为了轻装上任，就把他们留在湖北黄安，寄居在耿定理家的五柳别墅。

“老爷，你放心吧，耿先生一定会照顾好他们的，再说他们也长大成人了。我最不放心的就是你，不然，也就不用跑到这么远的地方来了。”

擦尔瓦是一种用羊毛织成的披衫，白天御寒，晚上当被盖。

夫妻二人边说着话，边沿着石阶爬上了观海楼。

“看，这山是那样的青葱碧绿，那粼粼的波光应该是有名的大石淜了。姚安自古就有‘九坝十八淜’的说法，农民离不开农田，农田离不开水利灌溉啊！这穿衣吃饭才是人世间第一真理！说起来姚安也是古城了，历史比我们泉州还要稍微长一些。除了汉人，还住着许多少数民族，是民族乐舞之乡。听说这里扎的花灯一点都不比我们家乡差……”李贽刚想向妻子介绍一点当地的风土人情，突然被一阵阵凄厉的哭声打断。

“天菩萨啊，你没睁眼啊，死鬼你死得好苦啊——”

“一袋烟就那么值钱，死鬼怎么就拎不清啊，叫我们娘几个咋办——”

李贽顾不上叫黄氏，三步并作两步从城楼上下来，快速穿过楼门洞，发现哭声就从不远处的一棵大树下传来。大树下有一个用杂草麻片搭成的简易寮棚，围着一大群人，大多衣衫不整，头上扎着蓝色或青色的布巾，一看就知道是当地彝族人。

当李贽走近的时候，很多人转过头来，冷冷地瞧着他，但没人搭理他。

他知道肯定是因为自己身上穿着的汉服，看来在这里汉人和彝族人必然矛盾不小，不然自己也不会受到这种冷遇。

“老乡们，能告诉我发生了什么事情吗？说不定我能帮上一点忙。”李贽尽量用柔和的语调询问。

过了很长一会，才从人群中走出一位满脸皱纹、须发花白的老汉，披着彝族人一年到头不离身的“擦尔瓦”，额前的锥形布结随着走路的步伐一颤一颤的，手上拿的一根长长的旱烟管还冒着烟。他审视着李贽，用不是很熟练的汉语问道：“先生，看样子你是外来的吧？”

“对，对！老人家能跟我说一说情况吗？”李贽强忍住呛人的旱烟味，连忙应答。

李贽像

“这一家死了男人，是从连厂那边贩烟回来，过河时淹死的。马帮的人经常在连厂那边装卸各地不同品种的烟叶。很多人就冒险渡过连厂河，贩一些烟叶到府城里拆开零卖，赚点小钱过日子。这连厂河从西边的园鹤山下来，一路很多急流险滩，加上最近连下了几场大暴雨，更不得了。那罗格舍不得住店，硬是过了河，结果被冲走了，直到今天才打捞上来。可怜啊，这被淹死在连厂河的，已经数不清有多少了。”

“老人家，那河上面就没有桥吗？”

“没有！”

“难道就没想过修桥？”

“让谁来修？”

“官府不管这事吗？”

“官府——”老汉转过头来，有点警惕地望着李贽，打住了话头。李贽不好再问下去，见到追上来的李安和黄氏，连忙让李安掏出一些银两，送到老汉的手里：“老人家，请您把这点银子转交给死者的妻子，帮着把后事办了吧。”

土官指古代在少数民族地区设置的由当地上层人士担任的官员。

“我们素不相识，哪能白要你的钱，彝族人是不会随便拿别人的银子的！”

“老人家说这话就不对了。常言说得好：四海之内皆兄弟，事情既然让我碰上了，还分什么你我？可惜我能拿出的也只有这些了。”

“塔尔玛，你别哭了！出来谢谢好心人吧！”见到李贽这么诚恳，老汉接过了银子，朝着寮棚内喊，“我这里也代这孤儿寡母谢过先生了！”

说着，老汉颤巍巍地弯下了腰，等直起身来的时候，他和追出来还在抹眼泪的塔尔玛，只能看到李贽三人快步离去的背影了。

李安赶着马车，按照李贽的吩咐，绕过迎接新知府的人群，到了衙门口。三人下了车，径直往里走。

“哎——你们找谁？知府衙门是随便进的吗？”只见一个书吏模样的人挡住了去路。

李安笑着拍了拍他的肩膀：“你真是有眼不识金镶玉，连刚到的知府大人也不让进？”

“整个知府衙门的人，还有土官大人他们，一大早就在城南门迎候知府大人，到现在都没回来，怎么会突然在这里冒出个知府来？”书吏压根就不信眼前这个寒酸的人会是堂堂的四品官员。

“李安，把朝廷的委任状和印信给这位‘大人’瞧瞧，让他也长长见识！”李贽想起刚才在城门口，那些翘首以待迎接自己的人，根本就没留意到这辆从他们眼皮底下过去的破马车，冷笑了一声，拉着黄氏大步往里走，身后传来一连串“小的该死，真是有眼不识泰山”的告罪声。

云南姚安的李贽桥碑亭

进了内堂，李贽急着让黄氏帮忙，铺开宣纸，磨好浓墨，饱饱地蘸了墨水，稍微思索了一会，提笔写了一副对子：

从故乡而来，两地疮痍同满目；

当兵事之后，万家疾苦总关心。

然后叫来李安，让他帮着吹干后，贴到衙门里的柱子上，作为座右铭，时刻警醒自己。

李贽调阅公文资料的时候，了解了同乡前辈赵恒的旧事。赵恒，字志贞，号特峰，晋江人，才识敏捷，学问宏博，为官清正严明，宽以待民，严以治奸，曾于嘉靖三十二年（1553年）出任姚安知府，不久后辞官返回故乡。李贽感慨钦佩之余，恭敬地题写了一方匾额：“乡贤名宦”，上款“特峰赵公德政”，下款“云南姚安军民府知府李贽立”，用以颂扬前辈、鞭策自己。赵恒的人品、学识和为官之道给了李贽很深的影响和很大的启发。这方匾额后来被泉州市文物管理委员会收藏。

到任的第二天，李贽经过和土官商量后，召集了工匠，从山中采来石头，准备造桥。

听说新来的知府要为民造桥，很多人都不要报酬，自发前来帮忙。特别是塔尔玛和乡亲们，当他们知道那天在观海楼前解囊相助的人就是李知府后，更是每天都到工地上来，凿石打桩，送水送饭。

李贽桥

这样，在水流湍急的连厂河上，很快造起了一座跨径20几尺的双孔砖石拱桥。以后，在桥的两岸又陆续建起了房屋店铺，慢慢繁荣了起来。后来，大家把李贽组织大伙建造，沟通西南丝绸之路的那座桥命名为“李贽桥”。

此后，李贽在姚安军务府实行宽松政策，调和汉族与少数民族的关系，把原来的德丰寺改办成“三台书院”，兴办教育，倡导良好的学风、民风。姚安人民在他的治理下，逐渐过上安居乐业的好日子。

李贽在处理完公务后，也亲自讲学。他博大精深的理论和深入浅出的讲解吸引了大批听众，很多人都尊称他为“老师”，而不称呼他的官名。

辞官前后

万历八年（1580年），李贽准备卸任姚安知府这一职务。这一年的春天，他到武定府城西的狮山，与已故的礼部尚书、文渊阁大学士赵贞吉的学生、禄劝州知州何守拙相聚25天。后来再会于省府昆明，前前后后相聚了40天。

代天子巡狩云南的巡按刘维经过巡视走访和考察审核后，报请上司奖励地方官吏，李贽因为政令清简、业绩显著，和同知高金宸、姚州知州罗琪都获得嘉奖。李贽为罗琪撰写《论证篇》，他认为“至人之治”高于“君子之治”，从人的本性出发，用本性去规范人民，“恒顺于民”“因其政不易其俗，顺其性不拂其能”，社会就会变得井然有序，人民各得其所；而“君子之治”却会导致民众产生各种争端。他治理姚安3年，秉持“一切持简易，任自然”的原则，正是这种理论的具体体现，也就是这种无为而治的观点和实践，引发了坚守“君子之治”、奉行礼乐刑政信条的道学官员们的无端憎恶和极力反对。

李贽在写给好友焦竑的书信《寄焦弱侯》中自高而又自然地写道：

> 世间胜己者少，虽略有数个，或东或西，或南或北，令我终日七上八下。老人肚肠能有几许，断而复续，徒增郁抑，何自苦耶！是以决计归老名山，绝此邪念，眼不亲书，耳不闻人语，坐听鸟鸣，手持禅杖，以冷眼观众僧之睡梦，以闲身入炼魔之道场，如是而已！

其实，李贽这种归隐山林的思想更多是与他个人的遭遇有关，他感慨自己年过半百，曾经育有四男三女，但或因为病灾困苦，或因为辗转迁移，结果只有长女存活下来，是自己终生引以为憾的事，也是探索人生未能明了的烦心事。对于李贽的这种想法，黄氏也很赞同。她是安贫乐道之人，愿意随同他终老林泉。

于是，在离知府任职期满还差3个月的时候，李贽停发公文、封存府库、携带家眷来到云南楚雄，坚决地向刚刚为他请发嘉奖的巡按刘维提出辞官的要求。刘维诚恳地对李贽说：“您代表朝廷管理姚安军民府，廉洁清明，政绩突出，是位贤明的知府！让贤人离开，我既不忍心这么做，也不是真正在为国事着想，更不能让它成为一种风气。我实在不敢说出这样的话！即使要辞官，不到两个月前，上司才嘉奖了您的政绩，保持荣誉要善始善终，您不会感到遗憾吗？”

面对刘维的再三而恳切的挽留，李贽断然说道：“担任职务却不去做事，这是尸位素餐，我不敢做这样的事；等我任职期满再去接受恩赐，这是贪图荣华，我不肯做这样的事；等名声传遍朝廷后再离开，这是沽名钓誉，我不能做这样的事。离开就离开了，怎么能够顾及其他的事情呢？”

李贽由于自己的辞官请求没有马上得到批准，只好将家眷又安置在姚安，重新交代好公务后，到省府昆明与禄劝州知州何守拙再次相聚。此时的何守拙即将赴任丽江府同知，准备在一块石碑上镌刻前任所有知州的姓名，约请李贽撰写《禄劝州知州题名碑记》。李贽于是与何守拙、方沆、赵少华等人游览了城内名胜五华山。五华山是昆明市区最高峰，自东北向南逶迤而下，与螺峰山相连，如天开玉屏，脉分五支，吞吐五华秀气，这是五华山得名的由来。李贽他们畅游五华寺、无边楼、聚远楼和五华书院等山中名胜，并仿效当年三宝太监郑和在五华寺镌刻《大藏真经》的故事，在山上镌刻中国历史上有重大影响的佛教高僧禅宗六祖慧能的《坛经》。

这年五月，李贽进入位于云贵高原滇西北宾川县境内的鸡足山，住进钵盂庵闭门读经。鸡足山离著名的大理古城近百千米，北望玉龙雪山，西眺苍山洱海，是佛教禅宗的发源地，2000多年前，释迦牟尼的大弟子摩诃迦叶曾经入定鸡足山，奠定了它在佛教界的崇高地位。明代大旅行家徐霞客曾两次到达鸡足山，当他登上绝顶天柱峰时，东观日出，西望苍洱，南瞻祥云，北眺玉龙，忍不住惊叹道：“东日、西海、南云、北雪，四之中海内得其一，已为奇绝，而天柱峰一顶，一萃天下之四观，此不特首鸡山，实首海内矣！”由此编撰了第一部《鸡足山志》。李贽同样是一位登临过鸡足山的重要历史名人，在此期间，他还遇到了一位忠实的追随者——曾经担任姚安府教谕的年轻读书人郭万民。一向择友标准很高的李贽，苦于没有能真正接手自己衣钵的“英雄奇特汉子”，这次遇到郭万民，虽然感到他的资质还不是很聪慧，但是敢于独立思考，并且在佛理方面有一定的研究，算是自己云游南北多年以来难得碰到的较为称心的人才了。李贽和郭万民在钵盂庵听真利法师诵讲《华严经》，但见林壑生烟，法雨慈云，佛国楼台，一灯如豆，和尚偈语，钟磬齐鸣，一时正中下怀，一如醍醐灌顶。李贽心地空明，眼身通畅，不由得欣然提笔写下两首《钵盂庵听诵华严并喜雨》。

这时，李贽倡建的光明宫也建造完毕。光明宫也叫光明寺，位于姚安府城东门外，在李贽初到姚安的时候，他的下属姚州知州罗琪前来向他报告公务时提到，姚州没有供奉火神的寺庙，当务之急为建造火神庙。后来李贽通过实地观察，发现当地房屋全部是用木头建造的，而且往往是几十间民房紧挨在一起，既没有用砖石砌墙，也没有留出防火墙，只要一家起火，几十家就连着遭殃，甚至整条街都会被烧掉。李贽同意了罗琪的建议，却一直没有时间建庙，只能连续3年设坛做了3场大法事，祈请平安，倒也安然无事。至此，他才购买地皮、召集民工，动用官府盈余的收入来建造光明宫，塑造神像并妥善安放，资金不足的部分靠募捐所得弥补，并且将义仓多余的谷子充作工匠的伙食费。凡是来做工的一律结算工资；而督工的官吏不但不领薪资，而且任劳任怨，其中的代表人物有蔡椿等人。同时，李贽大力倡议老百姓用砖石建房，在房屋之间留出通道；在居住密集的地方挖掘井塘，既方便平时的用水，万一发生火灾，又能及时取水灭火。他还为此专门写了一篇《光明宫记》，他认为阴阳两界虽然陌路，但是道理却有相通之处，神佛和人类也没有什么两样，如果舍弃公务而无休止地祭祀神佛，神佛也不会来享用祭品；如果尽力于公务又先行祷告神佛，祈求帮助却又没有达到目的，又会让人产生疑惑，因此特地撰述建庙的由来，让后来人明白既要勤政爱民，又要协理佛事的道理。规模壮丽的光明宫也成为姚安八大名胜之一。在此后的很长一段时间里，姚安城再也没有发生过火灾。

两个月后，李贽终于得到上官的批准，辞去姚安知府的职务。他在姚安当了3年知府，让人民安居乐业，却不愿意再待在黑暗污浊的官场里，最终实现了他上任前在友人那里许下的只当3年知府的诺言。

听到这一消息的姚安民众好几次拦住李贽即将远行的去路，仅载有几箱图书的马车一时难以启程。李贽只好跳下马车，再三躬身致谢，见实在留不住他，姚安人只能用真诚的眼泪和无尽的思念把李贽夫妻送了一程又一程，直到北去的马蹄声彻底消失在茶马古道上。巡按刘维和布政使、按察使收集了当地士绅名人的赠言赠诗编成《高尚册》，表彰李贽的政绩风骨，佥事都御史顾养谦也作序赠送。他的好友、云南督学方沆专门写了《送李卓吾致仕归里》三首诗来送别李贽，其中一首写道：

高天一疏赋归与，矫首浮云自卷舒。
可是名山容傲骨，先生原不为鲈鱼。

真切地道出了李贽归隐名山大川的目标和志向。

就在这时，抗倭民族英雄、后军都督府佥事俞大猷病逝，关山阻隔的李贽在惊闻噩耗后，为这位同乡先贤写下了《都督俞公大猷传》，并评价他以及和他齐名的另一位抗倭英雄戚继光：“此二老者，固嘉、隆间赫赫著闻，而为千百世之人物者也。”

五雲山

第四章

长居黄安，讲学论道

李贽辞官后，一路游历。他受到耿定向等友人的邀请，长期居住在黄安，著书立说，聚众讲学。他还来往各地，与新朋旧友交游，但逐渐与耿定向在学术上产生了分歧，而且分歧越来越大。

初到黄安

李贽和巡按刘维、调任安宁提举的方沆等人结伴，在万历九年（1581年）初春的时候游览了昆明城北的涌泉寺，但见曲水流觞，引人入胜，众人探幽访源，流连忘返。李贽提议建造涌泉亭，得到刘维等人的赞许呼应，开始在涌泉寺宫殿左侧建涌泉亭，两个月以后，一座翘角飞檐的亭子就立在了茂林修竹之间，刘维和方沆都写有《新建涌泉亭记》，详细记载了当时的情景。

不久之后，李贽从云南取道西蜀，穿过雄奇秀丽的三峡，饱览瞿塘、滟滪的胜景，并随时准备访问相知相交的新老朋友，一有好朋友的消息，必定停下脚步期盼相会。当他走到贵州乌撒（今贵州省威宁彝族回族苗族自治县县治）的时候，李贽听说老朋友顾养谦因为招抚降服顺宁土官有功而转任浙江右参政（布政使的属官，从三品）的消息，就在原地等候一个多月，准备与顾养谦一起沿着泸水顺流东下，谈古论今，畅叙友情。

3个月后，李贽带着夫人到达湖北黄安，与原本寄居在此的女婿庄凤文夫妇会合，住在位于五云山顶峰的天窝书院。五云山是“黄安八景”之一，离黄安城15里，原名为五名山，据说在明代以前，有5个秀才登临此山后中了举人，就在山上修建庙宇，当地人就把它叫做“五名山”。到了明嘉靖中期，曾任琼州知府、官箴人品得到大清官海瑞赞赏的周思久前来游玩，看到山上峰岭锦绣，有苍松翠竹，江山如画，云岚如海，将它改名为“五云山”。天窝书院也叫天窝书房，耿定向、耿定理兄弟俩曾登临远眺，深感此处美景当前，幽深秀丽，就择址建造房屋楼台，将其作为讲学修行的绝佳处所。耿氏兄弟听说李贽即将到来，又预耿定向（约1524—1596），明代官员、学者，字在伦，湖北黄安人。他有两个弟弟。耿定理（1534—1584），字子庸，号楚倥，有学问但不做官。耿定力（1541—？），字叔台，曾在各地做官并讲学。

先在提供给他住宿的寓所后面加盖一个书馆，以方便他见客会友，李贽的《焚书》《藏书》和《续藏书》的大部分书稿就是在这个地方写出来的。

李贽尚未到达黄安时，在路上就已经获悉耿氏兄弟的父亲在前一年闰四月不幸去世的消息，知道耿定向卸去福建巡抚的官职，在当年八月赶回家与弟弟们一起为父亲服丁忧。到了黄安，

黄安五云山

南直隶相对于北直隶而言，管理范围相当于苏皖沪等省份；学政为提督学政，掌管一省的教育科举，正三品。

李贽还来不及与耿氏兄弟互道阔别之情，立刻请人备办了香烛、果品、金纸等物事，到耿父的坟前点烛上香，焚化纸钱，以世家子侄的礼节祭奠耿父。耿氏兄弟感于李贽的一片肃穆赤诚，在一旁还以庄严虔诚之礼，免不了又是挥泪一番，思念故去的老父。

黄安即今天的红安县。1563年，在时任南直隶学政的耿定向的努力下，经过户部转奏，朝廷批准，从原来的麻城县、黄陂县、黄冈县分出地块，建设新县，名为黄安县，隶属湖广黄州府，后来担任了户部尚书的耿定向的籍贯也被后世的典籍从麻城改为黄（红）安，他也被尊为黄（红）安之父。

李贽接受耿定向的邀请，来到建县不久的黄安，吸引了大批文人墨客也来到这里，新生的黄安县一时间遍布书院，学风大盛，留下了“唯楚有才，楚亦在黄（安）”的美名。李贽这时候已经有意将黄安作为自己的终老之所，他认为如果能够得到一两个可以深交的“胜友”，在余生整日谈经论道，就算得上人生最快乐的事情了，并非一定要叶落归根，回到故乡。李贽也知道，建县不久的黄安地域相对偏僻，条件也比较简陋，与曾为宋元大港的故乡泉州不可同日而语。他要在黄安颐养天年，是因为耿氏兄弟既能够为他提供衣食上的帮助，解决他虽当官20几年却囊中羞涩的难题，互相之间又可以促膝论道，在学术上和思想上可以争鸣和共鸣。更主要的是，李贽并非不爱故乡，而是天生“不爱属人管”，他担心回到故乡以后，必定要受到本地知府、知县的约束，难免要迎来送往，吃酒分金，内外应酬，一旦差失分毫，必定会惹人不乐，而且往往要见些自己不愿意见的人，真正想要会面的知己，却因受到时空的限制，反而难以见上一面，与自己的天性相违背，他认为那才是人生的恨事，所以辞官以后根本不想回到故乡。

可能是水土不服的缘故，李贽刚到黄安不久，就得了疝气，一直到夏季中伏天的时候才略有好转，他耐不住性子，立刻写信给焦竑，请他与定林和尚一起前来相聚。这时候，李贽从庄凤文那里听说，耿定向和耿定理兄弟俩在论学方面存在一定的分歧，耿定向素来认为自己是“孔学正脉”，将“兴起纯学”作为自己的重任，兄弟俩平时在家探讨学问，耿定向也能从弟弟那里获得一些启发和教益。耿定理曾经询问大哥：“《论语》《孟子》《大学》《中庸》，虽然都是论学的典籍文献，不知道哪句话最为中肯贴切？”耿定向接过话头说：“‘圣人，人伦之至’这句话最为贴切。”耿定理却说：“终究不如‘未发之中’这句话来得好！”耿定向认为，孟子说过的“圣人，人伦之至”讲得最好：圣人是做人的最高典范，而想要成为“圣君”，就要尽好“君道”，想要成为“贤臣”，就要尽好“臣道”，这两种人只要向尧舜两位圣人学习就可以了。耿定理说的是《中庸》和《传习录》中提到的“喜怒哀乐之未发谓之中，发而皆中节谓之和”，意思就是说喜怒哀乐等各种情感藏于内心没有外露的时候，叫作“中”；如果将情感表现出来并且合乎法度，就叫作“和”。“中”是全天下的根本所在，“和”是普遍通行的准则，进入“中和”境界，天地之间就会秩序井然，世上万物就能顺利生长发育。李贽听说了以后，告诉庄凤文，做人的最高典范是“未发之中”，但是能做到这一点的人是不能进入“至”的境

界的，“未发之中”就是“良知”。总之，他更倾向于耿定理的观点。

3年来，庄凤文夫妻寄居在耿家，耿定理根据李贽的要求，积极引导庄凤文的学习，对他严格要求，耿定向则完全将庄凤文夫妻视同自己的女儿女婿，李贽一直对耿氏兄弟充满感恩之情。

到了丹桂飘香的秋天，李贽慨然接受千里之外的约请，为刚刚重修完工的昆明瓦仓营土主庙撰写《重修瓦仓营土主庙碑记》。在他看来，云南地处边陲，离中原地带有万里之遥，这里的人民怀着崇敬的心情奉祀土主，这是正规的信仰，与信奉邪魔精怪完全不同，如果能将朝廷的政令法理和民间的风俗信仰很好地结合起来，可以教化民众，敬重长者，疼惜亲人，照顾老人，爱护小孩，言行举止各得其所。逢年过节的时候，不但财货略有盈余，而且有一定的力量来奉行义举，帮助乡邻，友爱互助，这样的信仰，无论信神信道，都大有可取的地方。

差不多在同一时间，李贽还写了一篇《老子解序》，主要是针对宋代文学家苏辙的一段评论而作。苏辙认为老子的哲学重在无为，而轻于治国治天下，所以“仁不足爱而礼不足敬”，韩非子受老子轻于治国治天下的学术思想影响，因此变得残忍刻薄。李贽不同意苏辙的看法，认为老子的学说并非轻于治国治天下，而是凭借“不治之术”去治理天下国家，而且“仁义礼乐”和“刑名法术”并非治理国家的灵丹妙药，“无为而治”不是“无为”，而是要摆脱一切教义刑名的束缚，他同意“《道德》之后为申、韩”的说法，但是坚决反对那种认为韩非子将老子的“无为而治”发展成“残忍刻薄”的说法。

6年前，李贽曾写过两卷《解老》。在云南的时候，有朋友请他书写《心经》，他写好以后，在后面紧接着题写心得体会，并命名为《心经提纲》。黄安邑侯将他的这些作品刊刻出版，李贽又写了一篇《提纲说》来记述这件事情，并且阐述了自己解读圣贤经典的思路和方法，提出要有所悟才能“解经”，否则会为“解”所误。

在书籍准备刊印的时候，李贽除了重视书籍的刻印技术外，对纸品也有独到的要求，他写信给焦竑，请他前来相会，并希望他能通过友人买来著名的“铅山纸”里的荆川连纸品，用于刊刻书籍，当时江西全省83个县有一半以上都会制作纸品，其中的铅山县纸质全国最好，并远销日本、南洋，它色白质细，经久不变，凡是印制珍贵书籍、碑帖等，大多采用此纸。焦竑未能立刻出发，等接到李贽送来的4本《解老》和一件披风后，在腊月隆冬的时候，一路跋山涉水，晓行夜宿，历经千里后到达黄安与李贽见面。李、焦两人畅叙欢饮，10天后才依依惜别。焦竑在回去的路上，给李贽写来一封信，请李贽为他的父亲后渠公撰写庆祝八十大寿的序文。腊月底的时候，李贽与龙潭僧人无念初次相会，又与周思久商定开春以后游览龙潭事宜。

无念和尚也叫深有，俗家是麻城东山熊姓子弟，从小就成了孤儿，剃度以后云游四方，做了40年和尚后忽然顿悟，原本大字不识，突然间诵经修书，口诵如流，李贽听说以后，开始与他交游，焦竑、陶周望、黄平倩、袁宏道等人也对他尊敬有加。无念晚年的时候进入黄柏山，建造法眼寺，袁宏道为他写记，邹元标为他作传。

就在这一年，首辅张居正在全国推行“一条鞭法”，把赋税、徭役以及各种摊派合并为一条，统一并入田赋中征收，同时改用“计亩征粮”的方法，规定除了漕粮地区以外，一般都改收周思久（1527—1592），字子征，号柳塘，麻城人，中进士后任琼州太守。他与耿定向和李贽都交往甚厚，在这两人论战升级，关系交恶后，逐渐疏远李贽。

银两征税。这种改革，大大增加了封建租税中的货币成分，对商品经济的发展起到了刺激作用。

黄安论道

万历十年（1582年）正月初一吉日，李贽沐浴焚香，怀着为焦竑之父祝寿的诚敬心情，写成《寿焦太史尊翁后渠公八秩华诞序》，请人送到南京给焦竑，接着根据焦竑的意见写成寿章，委托耿家的使者再送给焦竑。

这年春天，退休回家的麻城人周思久在麻城龙湖钓鱼台大盖楼屋精舍，取名寒碧楼，并邀请李贽前来论学，台侧至今还有李贽当年的藏书洞，李贽后来自号龙湖、龙潭师、龙潭，就是因为这次经历。龙湖环境幽美，景色雄奇，离麻城约有30里，但见万山飞瀑，响声如雷，到此奔流而下，水石相激，化而为潭，潭深十余丈，水色深青，远远望去就像青龙入眠，所以叫龙湖，也叫龙潭湖、龙潭，湖中突起的石台即为钓鱼台。钓鱼台南岸为龙湖寺，与龙湖寺隔河相望的是位于北岸的芝佛寺，据说是因为建寺开凿地基时挖出三支外形如同佛像的灵芝而得名。

李贽接受老朋友周思久的邀请来到龙湖，美景当前，逸兴思飞，欣然提笔写下一首五律《初到石湖》：

皎皎空中石，结茅俯青溪。
鱼游新月下，人在小桥西。

入室呼尊酒，逢春信马蹄。

因依如可就，筇竹正堪携。

并为寒碧楼题联：

两个知心，一个清风一个月

十分豪兴，五分浊酒五分诗

周思久对此大为赞赏，赶快找来上好的檀香木，请当地知名的镌刻家刻好，悬挂在精舍一楼的大门上。

李贽这时写信给耿定理，约他来龙湖调摄身心，祛除病魔。他劝告耿定理，世间万事都是虚假的，就连人的这身皮囊也是假的，然而这些假的东西既然“假合”成为人，一旦失去调护，百病就会入侵，可是认为它是假的就不加以调摄，又是绝对不行的，而好友相会也是调剂身心的好方子之一。后来李贽又写信告诉焦竑、周思久自建楼台招集群贤的盛况，这里还破天荒地设置了精美的厨房，请来技艺精湛的厨师，他不但吃住都在寒碧楼上，而且当起了悠闲雅致的东道主。更令人快慰的是，好朋友耿定理就在身边，可以随时交流和探讨人生哲学与学术思想，他非常盼望焦竑能够再次前来相聚。

春雨阑珊，楼台烟梦，正是风光旖旎的时节，周思久和应邀前来的耿定理静坐钓鱼台论学。周思久称赞耿定向“重名教”，李贽“识真机”，并解释说，耿定向自认是孔门弟子，“以继往开来为重”，不但自己以继承孔学为己任，而且希望青年子弟要走孔门正道；李贽率性孤高，就是“以任真自得为趣”。

在此期间，李贽又从龙湖回到黄安天窝，途中收到焦竑从南京寄来的《雅娱阁诗集序》《高鸿胪志铭》和《时文引》等文章。其中《雅娱阁诗集序》指出：大抵是因为诗人没有施展才华的平台，或者虽有平台却未能完全发挥，因而心中有所寄寓，

就用诗歌表达出来。因此，他认为自己的友人、锦衣卫指挥王德载身居高职，人在繁华之地，也来写些无关痛痒的诗句，在这方面与穷途寒士角力，这样做大无必要，并提出诗歌是“人之性灵之所寄也”的“性灵”说。李贽在回信中极力赞赏《雅娱阁诗集序》，认为这些文章都必将广泛传播，并提出“文非感时发己，不能工”的观点，强调不要写无病呻吟之作，并恳请他为自己写《卓吾居士传》。焦竑紧接着又校刻了《北西厢记》，并以“龙洞山农”的别号署名撰写了《刻重校北西厢记序》。

李贽在天窝和龙湖之间来来往往，不时与旧友新朋交游。耿定向继续丁忧在家，他的学生管志道也不时来到天窝，吴心学、周思久等人也经常与李贽来往。管志道认为历史上的百家学术就好像是群龙相聚，它们理本一致，性原相通，群龙无首时，它们就互惠共存；一旦争相向前，就会兴废消长，各自难安。他还在此基础上提出“三教并行”的思想，主张以儒治儒，以释治释，以老治老，认为儒释道三家不应该互相规范、指责，而应互相贯通、互不妨碍，这样万物就可共生而不互相妨碍。在李贽新交的朋友中有一个人叫吴愿学，字少华，他以生员的资格升入国子监学习，禀性刚直狷介，言行不拘，很对李贽的脾气，经常在一起谈经论道。

第二年的早春二月，焦竑去京师参加会试。李贽寄去《老子解》《庄子解》和一封书信，征询刊刻印行《南华》的意见。他十分重视焦竑的看法，说如果焦竑认为《南华》写得好，他就刊刻印行；否则他就将《南华》付诸水火。

两个月后，焦竑落第而归。李贽听说后，马上再次写信安慰他，并写了两首七言绝句给他：

秣陵人去帝京游，可是隋珠复暗投。

昨夜山前雷雨作，传君一字到黄州。

独步中原二十秋，剑光长射斗牛间。
丰城久去无人识，早晚知君已白头。

李贽在这段时间创作了《杂说》，评点元人施惠的《拜月亭》、王实甫的《西厢记》和高明的《琵琶记》。他认为“《拜月》《西厢》，化工也；《琵琶》，画工也。”他解释说“化工”就是“不作意，不经心，信手拈来，无不是矣”；“画工”虽然奇巧，却难夺天地自然之“工”。“化工”和“画工”的最根本区别就在于作家笔下的内容是“真”还是“非真”，他认为《拜月亭》和《西厢记》不像《琵琶记》，它看似不遗余力穷巧极工，其实言语说尽，意境也就没了，出现这种情况的原因就是作品内容似真非真，因此不能深入人心。他还强调文学创作应该抒发作者个人内心由来已久、不可遏制的真情实感，一旦触景生情，“夺他人之酒杯，浇自己之垒块；诉心中之不平，感数奇于千载”，这样才能写出好作品。

在诗歌创作方面，李贽同样提出要“发于情性，由乎自然”，不可以“牵合矫强”，认为艺术的最佳境界是自然，是情性表达的自然，如果不能表达情性，再怎么追求表达技巧也没有用，只有由童心而发的情性才算自然。“情性”即人的至性至情，即由此生发的真实诚挚的情感，可以高亢昂扬，可以舒缓低沉，可以欢欣雀跃，可以痛哭流涕，最根本的是要抒发真实诚挚的情感。

故性格清澈者音调自然宣扬，性格舒徐者音调自然舒缓，旷大者自然浩荡，沉郁者自然悲酸，古怪者自然奇绝。有是格，便有是调，皆情性自然之谓也。

“公安三袁”是明代末期公安县袁宗道、袁宏道和袁中道三兄弟，其散文流派被称为“公安派”。

李贽将激越、愤懑、和缓、沉郁等在内的各种情感与“自然”结合起来，而且，这样的情感可以是高雅的，也可以是俚俗的，他主张审美要与情、性、心相联系，也只有这样做了以后才能真正“发乎情性”，达到“自然”的审美理想。

作为明代思想解放的代表人物，李贽丰富了传统自然观的内涵，推动了我国传统美学的发展，这是李贽的贡献，也体现了时代特征，对“性灵”做出新的界定，并为“公安三袁”完全接受，对“公安派”的“性灵说”文艺思想的形成产生了直接而深远的影响。

年终岁末的时候，相继发生了一件好事和一件坏事。好事是耿定向要过六十大寿，李贽写信给焦竑，希望他能够和朋友李如真一起来黄安祝寿。坏事是王畿去世了，李贽在龙潭惊闻这一噩耗后，设置灵位遥遥祭奠这位他一向推崇备至的人物。

王畿，字汝中，号龙溪，为明代阳明学派主要成员之一，王门七派中“浙中派”的创始人，王畿是王守仁最赏识的嫡传弟子，在王守仁谢世后，他在心里默默为王守仁服“心丧”三年。王畿因为学术思想与当时的内阁首辅夏言不一致而被罢官后，往来于各地40余年传播“王学”，在北京、南京、江浙、闽越和两湖等地都留下了他讲学的足迹，所到之处，听者云集。他主张“良知”是当下现成，不加功夫修正，知识和良知有很大的区别，但在良知的作用之下，知识可以变为良知，良知是先天之学。他强调自由自在的处世态度，在讲学时受佛学影响，“杂以

《南询录》书影

禅机”。李贽高度评价王畿：“世间讲学诸书，明快透髓，自古至今，未有如龙溪先生者。”

就在这段时期，因为给邓豁渠的《南询录》写序一事，李贽和耿定向出现了分歧。邓豁渠，原名鹤，又名邓藿初，四川内江人，曾经拜同乡、文渊阁大学士赵贞吉为师。未拜师之前，邓豁渠就有很大的抱负，不肯随波逐流，甚至当文章气节伟然可观的赵贞吉在东厢为诸生讲解圣人之学的同时，邓豁渠却在西厢为诸生大谈举业之道，同处一室之内，声音朝夕相闻，很多人都觉得邓豁渠的做法太过头了，然而，邓豁渠最终真心拜在赵贞吉门下，也成了阳明学派的传人。后来，邓豁渠离开了赵贞吉，落发为僧，游历天下30多年，不畏险阻坎坷，遍访名人学者。这一年，他的著作《南询录》在黄安一带被广为传抄，成为读书人心仪的好作品，耿定向的追随者吴少虞因为抄录《南询录》而受到责难，耿定向认为邓豁渠的文章“残忍秽丑，为是诐淫邪遁之语”，如果按照邓豁渠的话去做，必将穷尽人欲，毁灭天理，他反复写信给吴少虞，对《南询录》加以无情的驳斥。可是，李贽不但对邓豁渠大加赞赏，称赞他的言论和行事“得道”，后来还为《南询录》撰写序言。

从此，李贽和耿定向的学术分歧开始逐步公开化了。

耿、李论战

万历十二年（1584年），李贽在黄安天窝待得久了，起了远

游的雅兴，在春暖花开的季节里雇好船只，直下赤壁矶，可惜还来不及畅叙幽情，就感觉精疲力竭，大有旧病复发的苗头，不得已只好收住一片访古寻幽的心情，返回隐居之地。这时，他的老上司、老朋友骆问礼来到楚地，调任湖广按察司分巡武昌道兼管兵备副使。之前，李贽辞官离开姚安时，有传言说是因为骆问礼逼迫他这么做，骆问礼为此曾经专门写文章申明此事因由，并说李贽离开云南的时候，并未真正卸下知府的官职。骆问礼这次来信问候，李贽回信，将自己近年来闭门著述的情况如实相告，说自己最为粗疏无用，却又傲慢自用，终年独坐冷板凳，很少过问门外事。黄安建县不久，地方僻陋，要寻求一位超然出世的奇丈夫很不容易，自己只好独坐、神交古人而已。

这年七月二十三日，李贽志趣相投的好朋友——耿定理溘然长逝，年仅51岁。李贽惊闻噩耗，感觉天塌地陷，他怀着无比哀恸的心情写下《哭耿子庸》诗四首，如哭如歌地推崇耿定理："我是君之友，君是我之师。我年长于君，视君是先知。"又无限悲痛而落寞地倾诉："从此一声雷，平地任所施。开口向人难，谁是心相知！"甚至伤心欲绝地说"已矣莫我知，虽生亦何益！"已在京城当官的耿定向惊闻二弟的死讯，写信来说耿定理之死，让他有"天断予"之感。李贽复信说自己跋涉千里前来投奔，只为耿氏兄弟，如今耿定向在朝为官，耿定理突然辞世，自己旷然离索，再没有谁能够同自己在学术方面一起切磋了，以后求学而不交友，或者不能交结胜过自己的朋友，即使再好学也枉然。总之，耿定理的死，在李贽看来如丧中天，有种不知身在何方、度日如年的感觉。此时，焦竑的父亲也不幸去世，倍感寂寥和失望的李贽希望焦竑能前来祭拜耿定理，然后自己再随他返回南京。

等李贽从悲伤中回过神来，才想起焦竑自己正处在服丧期间，加上生活穷困，未必有条件接待自己，也就没有动身去南京。耿定向的儿子耿克明知道后，就想为焦竑在黄安购置田产房屋，耿定理的儿子耿克念也非常欢迎焦竑来黄安相聚。李贽深感耿家晚辈们的盛情高义，又想到焦竑离下次会试还有很长时间，就再次邀约他来黄安居留一段时间，并在信中询问亲戚黄屿南的音信。黄屿南也是学问很深的人，这次是代表泉州的亲友，前来敦促李贽返回家乡养老的。李贽却再次表达了自己老不归家的缘由和无奈，他委托焦竑向黄屿南表示，虽然自己深深眷念那片生育并造就了自己的热土，如今自己在思想上早已无法回到挚爱的家乡了，况且自己的父亲、祖父早年作古，无法尽孝；唯一存活下来的女儿已经出嫁；最对不起的就只有自己的妻子黄氏了，而自己阅尽沧桑，并非不懂叶落归根的常理，不念亲情，只是不想受到世俗的约束，希望黄屿南再三致意亲友，告知自己的想法和苦衷。

八月时，虽然焦竑没来，倒是定林和尚从南京来到了黄安，李贽一见，大为宽怀。不料他一来就进入闭关状态，不言不语，如同在京时一样，变成了一个“不死不活”的和尚，又让李贽感到莫名的悲哀。

就在李贽畅游赤壁未果的前后，耿定向为父服丧的期限结束，被朝廷起用为都察院左佥都御史，差不多在耿定理病逝的时候又被提升为都察院左副都御使。耿定向在官场的职务越来越高，现在当了正三品的朝廷大员，希望家族鼎盛，光宗耀祖的心理也就越来越强，也就越来越害怕李贽那种抛弃功名妻女的思想和行动会带坏耿家的子弟，屡屡来信责怪李贽，或者写信给周围的朋友，对李贽形成舆论攻势，完全忘了当初请李贽前来教授耿

家子弟的初衷，他看到儿子耿克明生性超脱自然、不肯生育子女，无意科举功名，认定是受了李贽的影响。耿定向同时写信给周思久，称李贽的学术思想是只图自己，不顾他人，只好任由他自己去纵横驰骋，但周思久作为地方上的学术宗师，一定要自己把握分寸，做好榜样，他在信中还点明周思久只有一个独子，年少之人血气未成，如果也受了李贽思想的影响，就大为不妙了。

从这个时候开始，耿定向和李贽的论战算是正式开始了。

耿定向在给周思久的信中谈道，《中庸》里面说的“率性之为道”，人们误以为“任情”就是率性，却不知道率性的“率”，还有将领统率兵士的意思，“目之于色，口之于味”，诸如此类的现象，如果让它尽情而为，就会像残兵败卒，到处抢夺焚烧，它的危害可想而知。

李贽在《答耿中丞》这封信里说道：“夫以率性之真，推而广之，与天下为公，乃谓之道”，提到耿定向将“学其可无术欤”这句话视为至理名言，自认得之于孔子而深信不疑，并可以成为传世的“家法”；李贽却认为天生一人，自有一人之用，而不是凡事都等着从孔子那里提取后再来补足自己，否则在孔子出现以前，人们怎样去为人处世？总之，李贽在该封书信中表述了自己“非圣无法”的社会政治观。

虽然李贽因为自己能暂时安身于黄安，除了学术思想不同外，对耿定向还是心存感激之情的，但心情毕竟是复杂的。他曾一度离开天窝山，住到吴少虞位于似马山麓的洞龙书院，李贽在天窝完成的著作，其实有一半是在洞龙书院创作的，他还曾经为“似马胜概”的美景题写“一线天”三个大字。

耿定向还写信给李贽，“时时怨憾邓和尚”，责备邓豁渠“绝弃人世，逃儒归佛”，借此间接责备李贽。李贽回信说，不要用世俗的是非标准来指责邓豁渠，这样就算不上他的知己了。再说邓豁渠是要和耿定向相从于“形骸之外”，耿定向却要与他置身于“形骸之内”，何况邓豁渠并未把世人的是非标准作为自己的是非标准。与耿定向的论战日渐升级后，李贽与吴少虞的交情也慢慢恶化，迫使他更想离开黄安，但当他去麻城时，因为没有地方立足，没几天又返回了。

在第二年的春天，李贽终于离开黄安，迁居麻城，住到周思久的女婿曾中野家里，又得到周友山的指点，以慧根清净、坐禅入定作为日常之师，将寻师访友的念头暂且按压下来。有德高望重的周思久邀请，有周思久的乘龙快婿曾中野腾出的大房子住，又有周友山关于智慧禅定的引领，本来大有漂泊之感的李贽，在欣慰之余，把这三种状态概括为“法施、食施、檀越施”，对精神和物质的布施心存感激。

不久，在曾承庵的倡议下，由周友山出资在麻城购买民居，准备加以改建，并名为“维摩庵”，供李贽在此居住和著述。为此，李贽专门写了《维摩庵创建始末》来记述这件事。李贽早年的好友邓林材这时恰巧游历荆湘大地，旧友相逢，两个人“上下古今多所参正”。邓林材一向坚守程朱理学，捍卫孔孟之道，在与李贽谈论佛学的“真空”问题时，斥责佛学违逆人伦物理。当时正好有人攻击李贽学习佛理是“弃人伦，离妻室”，李贽面对这些指责，解释说自己学佛是万不得已的事，强调自己绝不是“弃人伦”的人，他在与邓林材的交谈和书信来往中自称“异端”，也知道从朱熹开始，世间大多以老庄和佛学为“异端”，自己之所以敢于犯众怒，由儒向佛，只是临老怕死而已。否则，就像他在《阳明先生年谱后语》中提到的，自己年少之时，“倔强难化，不信学，不信道，不信仙释，故见道人则恶，见僧则

恶，见道学先生则尤恶”，又怎么会去学习佛理呢？其实，李贽在故友面前，得以真正吐露心声，再次陈述自己的苦衷。他自谦说当官将近30年，并未真正能为国出力，只是白拿国家的俸禄，值得庆幸的是，妥善安葬父母等祖上三代，7个弟弟妹妹全部婚嫁完毕，而且衣食无忧，儿孙满堂，如果面对他们，自己也可以聊以自慰了。唯独自己连生四男三女，却只有长女存活，况且自己年届60岁而身体衰弱，有的事情是想做却做不了，绝不是能做却不去做，自己绝对没有“自弃于人伦之外”。

他还向邓林材再一次提出“穿衣吃饭，即是人伦物理”的观点，认为人们除了穿衣吃饭，再无同一类的事情了，因为世间的种种事物都与衣食有关。李贽肯定了人的最基本的物质生活需求，认为日常生活是最基本的道德生活，不谈穿衣吃饭，就无所谓天理道德，人类所有的道德活动都与物质生活有关。他反对那种将超越人类物质生活的天理作为最高道德准则的观念，这又与耿定向所说的“夫此入孝出悌，就是穿衣吃饭”有着很大的不同。

如何看待逃儒归佛的邓豁渠，李贽与邓林材也存在着很大的分歧，李贽认为邓林材“精切于人伦物理之间”，自己则“从容于礼法之外”。李贽这时刚好为邓豁渠的《南询录》撰写了序言，《南询录》是邓豁渠去世以后为邓林材寻访所得的。李贽引用了“蜀人”评述邓豁渠的话语，邓林材来信告诉李贽，邓豁渠拖累了他的老师赵贞吉的名声，《南询录》和序言都在诱导天下人要先抛弃功名和家庭，然后再去从事学术工作，影响很不好，要李贽毁掉这篇序言。李贽很不以为然，认为“人各有心，不能皆合”，每个人的爱好兴趣不尽相同，喜欢阅读这篇序言的人尽可仔细研读；不喜欢的也可将之毁掉，并不互相妨碍，也不必强求，这也是为学的妙处。赵贞吉老师是学界泰斗，一个出家的

《六经》指《诗》《书》《礼》《易》《乐》《春秋》等儒家著作，《三藏》指《经》《律》《论》等佛教经典，“六艺”指礼、乐、射、御、书、数。

读书人，既难以损害他的形象，也不容易为他增光添彩。邓豁渠是四川内江人，现在也还没有其他任何一个内江人效仿他逃儒归佛。一个邓和尚是没办法改变天下人的，再看当今那些“学道圣人，先觉士大夫”们，有的家有80岁的父母，却仍然热衷于官场的迎来送往，全然不顾如同风中之烛的父母，就是因为他们急功近利而忘记父母至亲。这种情况无人责罚，反而对邓和尚的出家行为大加指责，真是令人迷惑不已啊！况且朝廷用“六经”来开科取士，却同时收有《三藏》佛典；用“六艺”教育士民，却又设置戒坛，也不曾禁止出家，像邓豁渠这种人，国家都没有抛弃他，其他人又有什么理由抛弃他呢？

其实，不遗余力攻击邓豁渠的主要还是耿定向，他认为邓豁渠有“轻侮圣训”之罪。李贽却称赞邓豁渠是“得道”了，他尊称释迦、老子和孔子为“三圣人”，并大胆借喻，当初这些圣人们为了求学得道何尝不也是抛家别子，总不能将“遗弃”的罪名也加到他们头上。如果依此论断，就很难一下子给邓和尚定下罪名，以此来答复责难邓豁渠的言论。耿定向将王守仁的“良知”学说和儒家典籍《中庸》里面的“君子之道，淡而不厌”结合起来，写成《纪梦》一文，提出人们可以通过“湔磨刷涤”的修为，忘掉“名义爱好心”，最终达到“淡”的境界。李贽故意以调侃的笔调反驳说，世人是在白日说梦话，耿定向是在梦中说白日话，人只要有所欢欣羡慕，就必然会有所取舍，很难做到“淡”。宋代邵雍的“玄酒味方淡，大音声正希”，是自然感悟，不刻意追求反而可以达到“淡”的境界。

李贽又在写给友人何祥的书信《答何克斋尚书》中，表明自己平生交友和求学的态度，他说自己生于福建泉州，成长在大海之滨，谋生于河南卫辉，游学于燕地京师，访友于古都南京，求证于天下四方，凡是南北两京的人物，东南沿海的才俊，王阳明先生徒子徒孙的正宗学说，只要言能及义的，都能引起自己寻根究底的学习兴趣。

麻城斗士

建于麻城城北的维摩庵，在万历十三年（1585年）正月十五元宵节的时候落成，可惜的是当初建庵的倡议人曾承庵却在半年前因为恶疮突发于肘腋之间而不幸早逝。李贽在维摩庵前后住了近3年，自称“带发辞家一老僧”。搬进去住的时候，虽然居士楼只有一间，却是众友云集，座客常满，就如周思久的诗歌“层楼北郭绕长河，寒入清宵放踏歌”所写的那样。

第二年，无念和尚将要到南方游历，李贽请他到盱江去见泰州学派的代表人物、好朋友罗汝芳，罗汝芳准备在五月到南京讲学。李贽打算与周思久、无念坐船去江西建昌会合罗汝芳，然后从浙江到南京会合焦竑，一起聆听罗汝芳讲学，可惜脾胃病发作，治了一整年才好。罗汝芳深得王艮泰州学派的真传，他在年轻时就通过了朝廷的会试，却认为自己的学问还未达到做官的程度，就不参加殿试，退回乡间又居住了10年，考察社会，钻研学问，创办从姑山房，从事讲学活动，宣扬哲理教化，虽然源于理学，却反对理学“存天理，灭人欲”的正统教条，提倡“赤子良心”和“不学不虑”，形成自己的真知灼见。人们普遍认为罗汝芳和李贽一样，一扫宋明理学的迂腐拘谨，成为明末清初黄宗羲、顾炎武、王夫之等启蒙思想家的先驱。这次无法前往，李贽深以为憾，只能在病中想象罗汝芳讲学的盛况，好在这时看到他的《近溪子集》，对他学问精进的程度大为叹服。

这时，升任刑部左侍郎不久的耿定向也从北京寄来《二鸟赋》，李贽认为耿定向是在针对自己，就批点题目，将文章缴还，并写了一封书信交给耿克明，让他带给自己的父亲，接着写信给焦竑，希望他入京时将信转交耿定向，指出不能舍却良知来教人孝悌忠信。

耿定向又写信给周思久，重提几年前的论战内容，说周思久当年评价耿定向“重名教”、李贽“识真机”，亡弟耿定理讥笑周思久是“拆篱放犬”，指责周思久虽然与自己治学道路相同，其实连耿定理的意思都未能真正领悟，到了现在还评价李贽是“以任真自得为趣”，其实是“不识真”，摆出要与周思久论“真”的架势。

周思久只好将信转给李贽。李贽读后，思索了很久，为了反驳耿定向，用焦竑《刻重校北西厢记序》末尾“知我者勿谓我尚有童心可也”这一句话作为发端之句，写成他光耀千古的重要著作——《童心说》。

他在文中提出了“童心”的文学观念。“童心”就是赤子之心，“一念之本心”，是“真心”与“真人”得以成立的依据和基础，如果认为不该有童心，就是以为不该有真心，如果失掉童心，便是失掉真心，失去真心，也就失去了做一个真人的资格。童心受到阻碍，说出来的话必然言不由衷，处理政务就会变得毫无根基，写出来的文章肯定也词不达意。李贽把“童心”作为认知和观照世界的是非标准，作为创作和评价文学作品的标准。他认为文学要能真实坦率地表露作者内心的情感和人生的欲望，针对明代前后七子“文必秦汉，诗必盛唐”的复古观点，提出“诗何必古选，文何必先秦”的进步文学主张。在他看来，要保持“童心”，使文学去伪存真，就必须割断与道学的联系，这在当时的环境中有一定的进步性与深刻性，它阐明了李贽的读书作文教育观，洋溢着自由主义教育反对封建教育与追求个性自由和解放的精神。李贽在文章中还以辩证的观点和犀利的笔触，站在独特的高度，从真实性、可行性和局限性等方面，对古代的儒家经典作品提出了质疑，同时热情洋溢地赞美《西厢记》《水浒传》等近时代著作，认为即使是当代人写得好的八股文，只要是出于“童心”的作品，都可以成为古今的杰作。李贽的这种文学观点和主张，至少在当时就影响了袁氏三兄弟及“公安派”文艺思想的形成，对明代伟大戏剧家汤显祖的传奇创作一样产生了直接的影响。

随着李贽和耿定向的论战不断激烈化和公开化，论战双方的阵线也日渐分明，各自的门徒和追随者跟着分出了阵营，原先与李贽关系密切的周思久、吴少虞等人这时站到了耿定向一边。周思久的堂弟周思敬作为李贽的挚友，为李贽寄居麻城提供了很大的方便，对耿定向等人“围攻”李贽很不以为然，他对周思久的“以人为宗”和“物并育而不害，道并行而不悖”观点提出了反驳意见，周思久认为“无此道理，难过日子”，周思敬却调侃般地讥讽“有此道理，难过日子”，并且不许堂哥继续讲学。耿定向护送妻子彭淑人的棺木回原籍，准备在适当的时候落葬，企图借机调解这两兄弟的矛盾，为周思久“抱冤伸屈”，并想请锦衣卫左都督、麻城人刘守有出来讲学，耿定向还要让周思久出来倡议成立一个讲学会，暗含着改变“流俗”的意图，并请邓应祁来担任“会主”。

邓应祁，号鼎石，是李贽的好友邓林材的儿子，于万历十四年（1586年）三月，与“公安三袁”中的老大袁宗道以及福建晋江人杨道宾、黄汝良、林欲厦、何乔远同科考中进士，被任命为麻城县令。因为他与李贽是世交，到任时，就给李贽送来礼帖问候，后来还曾向李贽请教治县救灾的方略。李贽按照礼节回送自己的名帖，只是自称“流寓客子”，颇有苍凉的味道。吴少虞也加入指责李贽的行列，他曾当面对李贽说，耿定理说话放肆毫无忌惮，都是李贽教唆的；即使不是李贽教唆的，也是从李贽这里引发的。

李贽只好对此一一答复，他劝告耿定向，邀请邓应祁来担任“会主”，势必会影响入会人员的素质。邓应祁是一县之主，如果入会的都是贤者，那么不入会的就会被当作不肖之徒了。但实际上，如果众人知道是县令来执掌会务，加入的人必然很多，难免会有不肖之徒，而这样的人多了，贤者必定不肯加入了。那么，这样的讲学会反而会影响和困扰县令处理政事，让全县结党分派，是大无必要之事。李贽还认真地告诉吴少虞，耿定理虽然比自己年轻，却绝不是放肆之人，而且自己一直视他为老师，以老师的礼节对待他，再说他眼界极高，绝不会对人亦步亦趋，自己如果教唆得了他，他就不是耿定理了，况且要以此推论的话，也可以说吴少虞的一言一行是从耿定向那里学来的。

耿定向想请刘守有出来讲学，李贽也认为这是无益的虚谈。两年后，刘守有因为贪赃枉法，被朝廷罢免官职。

李贽深知，耿定向在麻城、黄安一带影响很大，有很深的学术根基和很高的个人威望，只要自己稍稍做出让步，哪怕是说一

句顺从的话，放弃自己的学术立场，日子马上就会好过起来，就如他在给耿定向的信中所说的，自己不是不知道尊崇顺从耿定向是一件“美事”，这样耿定向就会爱惜保护自己，全县的士民就会对自己礼敬有加，吴少虞就会重新敬重自己，官员师生人等就都会来表示敬重，这样的生活环境和学术氛围肯定是快乐而令人向往的。不过，李贽话锋一转，慨然地对耿定向说，与其让所有人来敬重我，终究不如让您知道应该敬重我，与其让您知道敬重我，终究不如您懂得敬重您自己。

这年六月，耿定向的学生祝世禄要到黄陂县去担任教谕，途经麻城时，专门探访了李贽，对耿定理逝世而自己却未能见上一面深表惊诧遗憾，对李贽失去人生一大知己的心情和目前遭受舆论围攻的处境感同身受。祝世禄以前拜耿定向为师，和李贽也有所交往，两人曾经在南京相会，李贽原本只觉得祝世禄为人质朴实在，是那种可以共同探讨学问的人，只是气节风骨稍弱了一点。这次麻城相会后，经过一番促膝谈心，李贽才进一步发现祝世禄其实心境清明，与他交谈可以一吐为快，很希望耿定向能够对祝世禄多加栽培，让他在性情上更刚健雄猛一点。

耿定向以孔子门徒自居，为了维护名教，为了反驳李贽说他满口“利他”“为人”，实际上却“偏私”“多欲”、言行不一等问题，他专门研读《心经》《维摩经》《楞严经》和《法华经》，对这些佛经和“六道”“六通”“出离生死”等佛家的重要命题进行了批判。被理学正宗视为“异端”而死于乱棒之下的何心隐、被时人认为怪诞不已的落发读书人邓豁渠和黄陂本地人方与时，都被耿定向写进《里中三异传》，被当作“异人”加以抨击，耿定向其实是在借此影射攻击李贽，将李贽及其学说看作“异人”和“异学”，并写信给刚从吏部左侍郎升任南京吏部尚书的李世达，说李贽是那种“百生事，皆是仰资于人者”。李世达平时与李贽也有交往，就将信件转给李贽看。

李贽在写给焦竑和回复李世达的信中，针锋相对地回应道，世间之人就像水，豪杰就像大鱼，想要求得大鱼，就要有奇异的水，想要求得豪杰，就得是奇异的人，如果从“乡人”都认为好的人里面去求得豪杰，就像是在水井中钓鱼一样，明眼人都知道是行不通的，因为豪杰得不到“乡人”的认可。他还自我解嘲地说，耿定向讥讽自己很多事情都要仰仗别人，确实是切中了要害，然而自己基本上已属化外之民，不值得横加指责了。耿定向一直强调“万物一体之仁”，连一个李贽都不能“体”，又怎么能去“体”万物？对李贽一人就厌恶如此，说明他也有“作恶”的可能。耿定向在很多信件里厌恶地指责邓豁渠，而且要人人也都厌恶邓和尚，假如有人不这么做，他便时时刻刻指责怨恨这个人，这样的妒忌、刻薄，其实也是在作恶。有人就觉得邓豁渠不曾害过县里的任何一个人，反而是耿定向害了县里的人。

这一年，定林和尚坐化天中山，马伯时为他请来僧人超度，守护舍利塔。马伯时是南京人，曾经得到耿定向的赏识，耿定向将他介绍给焦竑做学生，他后来来到黄安五云山定居，妻子去世后，一直都没有续弦。

續焚書
續焚書
焚書
焚書
焚書

第五章

甘做“异端”，著书立说

李贽与以耿定向为代表的儒家正统派不断论战，他甚至还特立独行，落发蓄须，以表明心迹：反对思想禁锢，主张革故鼎新。在此期间，他编写了《藏书》《焚书》等几部重要的著作，进一步激怒了封建势力。

“八元八恺”是尧帝时代的著名人物。“八元”指高辛氏的8个子孙，“元”的意思是禀性善良；“八恺”指高阳氏的8个子孙，“恺”的意思是性情和善。

落发蓄须

在与耿定向论战期间，李贽继续住在麻城维摩庵。

他为两个外孙——也就是女婿庄凤文的儿子——特地写了一篇名为《汝师、子友名字说》的文章。原来，庄凤文的大儿子叫祖耳，二儿子叫宗耳，两兄弟名字中有一字相同，李贽却认为如果是亲兄弟，名字中不必有相同的字眼，假如兄弟一起中榜，外人不清楚他们是兄弟关系，就不会嫉妒；假使兄弟都可以成圣成贤，别人也就不会横生议论。他还提到，攻读相同的学业，运用相同的学术方法，互相友爱，同气相求，一起以“下人”为心，以“上人”为志，这些应该相同的却不求同，只知道去片面追求名字中要有相同的字，是很不应该的。历史上著名的才子“八元八恺”，名字就各不相同。最后，祖耳名字不变，字汝师；宗耳改名为惠施，字子友。

万历十五年（1587年）春天，常觉和尚到南京化缘时，焦竑为李贽在江苏吴县（今苏州市）的虎丘找好僧舍。虎丘历来有“吴中第一名胜”的美誉，从帝王陵寝之地慢慢变成了佛教名山和旅游胜地，焦竑准备安排李贽到那里去研究佛经。李贽告诉焦竑，常觉和尚喜欢云游，又探知了焦竑的本意，所以拿出寺庙的缘簿来极力请他。其实要阅读佛经，在哪里都可以的，自己并没有委托过常觉和尚要在虎丘研习佛理。他也非常了解焦竑的经济状况，不忍心增加焦竑的负担。李贽还说，自己希望能与焦竑一起“终老”的心愿时刻不曾忘记，只因为黄氏日夜想要归乡，所以迟迟未能做出决定。如果妻子返回故乡，李贽就会单独前往南京；如果妻子愿意与自己聚首黄安，自己会在春暖之时与焦竑短暂相会，接着经浙江、江西，去拜访罗汝芳，再返回麻城。这样的话，既不会辜负妻子的盼望，自己在学术上又能够有所进步。李贽深知妻子还乡的心情虽然非常迫切，只是更希望能够与自己一起同行，夫妻俩一起终老故乡。

随着李贽官场职位和工作地点的变换，黄氏伴同丈夫在外漂泊前后已有二三十年，特别是在李贽辞官后，本以为可以很快回到魂牵梦萦的故乡，没想到还要带着女儿女婿和外孙，又在湖广待了七八年，见李贽实在不愿意回归故乡，她自己又实在无法割舍故乡的山水人情，无奈只好决定留下李贽一人，举家返回泉州。这一别关山万里，李贽已是花甲老人，亲人若想再见可能要在梦境里了，临别之时，全家人抱头牵衣，痛哭连连，妻子掩面拭泪轻呼丈夫，女儿执手凝噎叮咛老父，孙儿们抱着外公的大腿紧紧不放，女婿默默垂泪，在旁送别的友人们都别过脸，强行忍住了眼眶里的泪水，李贽却强颜欢笑，将亲人送了一程又一程。因为送家眷回乡的事，李贽再一次向友人剖明心迹：自己留在楚地，只为了能够有更多的机会当面向良师益友们学习，而妻子却不愿再待在他乡异地了，由女儿、女婿一路照顾送回家乡，有女儿、外孙早晚承欢服侍，自己历年积蓄虽然不是很多，也全数交给了妻子，现在只留自己一人在外，可以更加无牵无挂。

祝世禄听说李贽要将妻子和女婿一家人送回福建老家，就邀请众人到隐士方一凤的住处相会。到场的还有湖北汉川人张绪等，大家欢聚一堂，待了半个多月。张绪的讲学非常有感染力，

后来的东林党魁方学渐就是他的学生。由于在去年冬天，祝世禄的堂弟夫妻俩加上儿子、侄儿和仆人共7人准备前来黄陂时，在九江同船沉没，所以李贽这番前来，还隐含着吊丧慰问的意思。

李贽随后顺便到黄陂的鲁台山拜谒“二程祠”，写有诗歌《望鲁台礼谒二程祠》：

千载推贤惟伯仲，百年想像见婴孩。

翛然欲下门庭雪，知是先生爱不才。

“二程”即理学宗师程颢、程颐两兄弟，他们原籍河南洛阳伊川，因为父亲程珦曾经担任黄陂县尉，所以兄弟俩与黄陂结下不解之缘。鲁台山位于黄陂县东，为“二程”读书处，山名的由来说法不一，海拔不到50米，却应了“山不在高，有仙则名”的古语，是座神奇奥妙的儒学圣山，后人为了景仰和缅怀“二程”，很早就在山麓建筑“二程祠”和书院殿堂、亭台水榭。

祝世禄与李贽再次相聚，为李贽“撤名理之藩篱，露肝胆于耳目”的议论所折服，深感李贽的言谈深入浅出，用词开合自如，譬喻正反相成，说理寓庄于谐，让人无限神往，又有高山立在面前却没有阶梯可以攀登的感觉，3天的深谈就像是皎洁的月光照亮了听讲者的心灵，将十年来的暗病彻底治好了。祝世禄将自己对李贽崇拜信服的情感写进寄给恩师耿定向的书信里，称自从与李贽晤谈以后，才发现自己平生用功发愿出现了很大的偏差，李老先生非常爱戴耿老师，然而反对驳斥也不少，自己信服耿老师，也信服李老先生，有的人说他中了李贽的“毒”，但他认为，如果没有这种“毒”，就绝对没办法洗去肠胃里积年的“血晕”，现在李贽敢于推翻陈旧的理论，用耿老师曾经说的“学问三关”来验证，是非常有道理的。

李贽送别黄氏以后，他在家乡的过继儿子李贵儿不幸溺水而亡，老泪纵横的李贽前后写了五首《哭贵儿》来悼念这个很少见面的嗣子。随后，李贽写信向耿定向告别，免不了又是一番唇枪舌剑，接着继续闭门读书写作，一时“著述颇有，尝自谓当藏名山”，也就是在这一段时期完成了大量的创作，后来结集成为《藏书》。这年秋天，抚治郧阳的右佥都御史李材来信，邀请李贽同游道教圣地太和武当山，李贽回信说自己年老体衰，加上不想出入公门，婉言拒绝了李材的邀请。

在家眷回乡半年后，李贽的脾病竟然意外痊愈，他进行了自我总结，认为家眷回乡，自己自由自在，兴之所至，随时出游，饱闷自消，不再需要山楂来健胃开脾；郁火自降，不需要人参来补脾益胃，这病是自己好的，与禅机无关。在这段时间，有一位年老的妇人经常来维摩庵虔诚礼佛，看到李贽孤身一人生活不便，时常顺便馈送茶水果子给他。李贽也习以为常地将这一举动看作是信众对神祇的供奉，只是每次接过供品，并无言语交谈。后来，偶然之中，李贽才发现这件事已经在麻城县里被传得沸沸扬扬，甚至被居心不良的人描述得不堪入耳，就连不知内情而误信传闻的戏剧家汤显祖，也曾写了《李卓翁缝衣妓》来讽刺这件事。为了不给自己和他人招惹是非，李贽立刻从此谢绝老妇人的供奉，他听说这个老妇人早年发誓不再改嫁，即使有人强迫也是如此，虽然她虔心向佛，不料却会有人来泼污水。李贽因此和其他和尚一起到老妇人家里访问，才知道她是南京人，本就无儿无女，只有一个过继的儿子，也没有什么可以依靠的亲属，容易受人欺侮恐吓。李贽想起迁居麻城3年多来，除了亲近的友人能够无私援助自己外，就是这位不求回报的老妇人，始终如一地用虔诚的态度供给自己食物。于是李贽充满了对老妇人的无限同情，他更加无惧于流言蜚语以及耿定向随之发起的讨伐浪潮，“报德而重念之”，为了这位有德而无辜的老妇人，“有冤必代雪，有屈必代伸。”

万历十六年（1588年），固安知县梅国祯升任河南道监察御史后，在赴任前便道返回家乡麻城，与李贽初次会面。

梅国祯，字克生，号衡湘，年少时以英雄豪杰自许，擅长骑射，万历十一年（1583年）高中进士，被派任固安知县。固安距离京城不远，从这里走出过多位太监，他们不但不把小小的知县放在眼里，而且经常故意刁难他。梅国祯到任时，却能够用平和的态度应对那些太监势力，而且做事非常讲究方式方法。有一个太监送梅国祯一副猪脚，希望让他替自己讨债。梅国祯让人煮好猪脚，设宴款待那个太监，并派人将那些欠了太监钱物的百姓招来，责骂他们欠债不还，百姓们纷纷哭丧着脸诉说各自的穷困状况。梅国祯当着太监的面怒骂：“宦官大人好心好意将钱财借给你们，你们却不识好歹，恶意赖账，如果今天不能回去筹钱来还债，我非打死你们不可！”百姓们一把鼻涕一把泪地离开了县衙，弄得在旁观看的太监也一时心软下来。梅国祯看到这种情况，就将他们喊回来，故意皱着眉头说：“我也知道你们确实穷困，但是欠债还钱是天下公理，我也无可奈何，你们还是回家去卖了老婆孩子来还债吧！现在宽限你们一天，赶快回去与他们诀别，过了今晚恐怕是再也见不上面了！”一时间，衙门里哭声此起彼伏，连那个太监也不禁落泪，取出欠条来当场撕毁，打消了讨债的念头。从此以后，那些太监在讨债时都能从宽对待欠债的百姓。

这时的梅国祯还没来得及与初次谋面的李贽深谈，李贽也忙于抄录《李氏藏书》的初稿，誊抄好后派人专程送到南京请焦竑审阅并题写序言。耿定向回到黄安后，为弟弟耿定理和妻子彭淑人分别举行落葬仪式，还写信给周思久，诬说李贽玩弄妓女，又在梅国祯的老师刘涑宴请宾朋时调戏旦角，还曾强拉弟弟耿定理去逛妓院，并将这一切归结为“禅机”，还指责李贽率领僧众去寡妇家乞讨斋饭，让寡妇蒙受不白之羞，让士绅引以为憾等等。

李贽告诉焦竑，自己准备落发，并想在麦子成熟的时候前往向往已久的杭州西湖。如今世间俗人和一切假道学都将自己看作异端，自己不如真的做个异端，免得别人谩骂自己时有名无实。自己一心想要出家，留着头发也不方便别人给自己强加骂名。

到了夏季的时候，李贽真的剃发留须。他的学生、有“天下清廉第一”美誉的汪可受曾经追忆，他和几个友人到维摩庵拜见李贽。但见李贽昂然而出，秃头蓄须，挥一挥手，就在席上坐了下来。汪可受小心地问道：“像老师这样，头发剃得一根不剩，胡子却还留着，似乎没有剃干净啊？”

李贽答道：“我难道是有意剃掉的吗？前一年夏天，我头发都冒出了腾腾热气，发出了恶臭味，回头看见侍者刚刚剃掉头发，就请他也帮我剃去满头白发，真是爽快无比，干脆不留头发了。”话音未落，他又用手轻轻捋着胡子：“这东西不碍事，可以保存下来。”众人听了，一阵大笑以后，又叙谈一阵，纷纷告别。

李贽落发，看似因为头痒难耐，懒于梳洗，其实根源之一在于家乡人经常不远千里，或专程，或顺道来敦促李贽还乡。李贽干脆剃掉满头白发，既表示自己不肯归家的决心，又可以不受地方官的约束，还能满足那些攻击自己为异端的人，让自己看起来真有异端的模样。

祝世禄听说了这件事，特地写信给李贽，说几根老年人的头发，留着不会妨碍菩提之心，剃掉也不能马上增长菩提之心，问他这么做是像项羽那样表示不肯过江东的意思，还是另有所指，他还提到有人认为李贽的头发掉在了刀口下，英雄气却是消磨不掉的。

周思久也写信给耿定力，请他转告他的大哥耿定向，千万不要因为“落发”的事情去“弹射”李贽，耿定向专门回信加以表白。

在李贽落发之后，他的友人曾继泉为了求学得道也要落发出家。李贽听说后，连忙去信加以阻止。他发自肺腑地对曾继泉说：“您要落发，万万不可！您有年轻的妻妾和田园住宅，又没有儿子，妻妾田宅将来要寄托给谁？无缘无故抛弃她们，不但不仁，而且不义。如果真正想要得道，居家比出家强出万倍。您正当壮年，刚好是传宗接代、奋发向上的时候，而且田产不多，可以自给，又不会受到拖累。再说得道未必要出家，我当年四处求学，不但有老婆孩子，而且也算朝廷命官，一样奔走四方，往来万里，一样觉得学问日有所进。后来，我的妻子不愿意在黄安继续住下来，我以年迈之躯，本着向学之心，万不得已才勉强留在此处，不是落发出家才来学‘道’的。因此，您没有必要落发出家，然后才去学道。”

炎夏时节，李贽又动了前往西湖居住的念头，一个重要原因就是西湖离家乡较近，妻子和家人容易得到音信。如果不是因为这样，他的本意是潜入深山之中，不是五台山，就是伏牛山。最后李贽总觉得西湖“其藏不密”，还是回了麻城，不久迁入麻城县东边龙潭湖畔的芝佛院。芝佛院在芝佛寺旁边，李贽曾应周思久的邀请，在龙潭湖边的寒碧楼待过一段时间，芝佛院就是在龙潭湖北岸向西的位置架木而建的楼阁，隔着湖中巨石钓鱼台与寒碧楼遥相呼应。

重回麻城时，县令邓应祈前来探望。李贽过后特意写信致谢，并且将自己与耿定向的分歧告诉了邓应祈。邓应祈随后寄来谈论何心隐的文章。李贽认为文章切中意蕴，可以算是为冤死的何心隐出了一口气。何心隐曾经说张居正“必当国，当国必杀何心隐，原名梁汝元，字柱乾，号夫山，江西永丰人，早年放弃科举，致力于社会改革，王阳明“心学”泰州学派弟子，其思想反映了资本主义萌芽的某些特点，曾在家乡建萃和堂，试行乌托邦的一套做法。

我”。所以，尽管何心隐最后是因为李义河授意，被湖广巡抚王之垣下令用乱棍打死，但外界都认为他是被张居正授意处死的。李贽在给邓应祈的回信中极力称赞何心隐和张居正两人，说何心隐是平民中的俊杰，所以有杀身之祸；张居正是宰相中的俊杰，所以有身后之辱。如果不论成败功过，这两人都可以作为自己的老师。他还指出张居正曾经对前去报告何心隐案件的人提出处置意见，认为轻则责罚，重则流放，只是底下的人如李义河等，为了向上级献媚而授意惨杀何心隐，张居正本来是无意这么做的。明末清初的思想家黄宗羲则认为，何心隐被杀时，耿定向和张居正交好，和李义河是讲学的朋友，本来可以援救却不敢向他们开口求情，李贽因此怨恨耿定向。耿定向自称是王艮的弟子，与罗汝芳、何心隐关系不错，在何心隐因为言论之罪而被抓后，只是泛泛地向王之垣求了一下情而已，李贽感慨地认为朋友之情断绝了。他还专门写了《何心隐论》，再次赞扬何心隐具有“以天下为家而不有其家，以群贤为命而不以田宅为命”的献身精神，并且毫不客气地指出，为何心隐喊冤请命的都是与他素不相识的普通大众，而那些整天聚众讲学的道学家，不但坐视不救，而且落井下石，由此得出“匹夫无假”和“谈道无真”的结论。

著作等身

住在芝佛院的这段时间，李贽在芝佛院的佛堂上悬挂孔子的

画像，撰写《题孔子像于芝佛院》：

> 人皆以孔子为大圣，吾亦以为大圣；皆以老、佛为异端，吾亦以为异端。人人非真知大圣与异端也，以所闻于父师之教者熟也；父师非真知大圣与异端也，以所闻于儒先之教者熟也，儒先亦非真知大圣与异端也，以孔子有是言也。其曰“圣则吾不能”，是居谦也。其曰“攻乎异端”，是必为老与佛也。
>
> 儒先亿度而言之，父师沿袭而育之，小子朦聋而听之。万口一词，不可破也；千年一律，不自知也。不曰：“徒诵其言”，而曰：“已知其人”；不曰“强不知以为知”，而曰“知之为知之”。至今日，虽有目，无所用矣！
>
> 余何人也，敢谓有目？亦从众耳。既从众而圣之，亦从众而事之，是故吾从众事孔子于芝佛之院。

同一时期，李贽又开始着手编纂《初潭集》，又写了《五死篇》来表达自己的生死观。他提出人有“五死”，将人的死法列出五等：像救抚赵氏孤儿的程婴和公孙杵臼、舍身救主被俘后坚决赴死的纪信、甘冒杀头危险而义哭彭越的栾布、刺杀韩相侠累后怕连累姐姐而毁容自杀的刺客聂政、报国无门愤而投江的屈原，都是天下第一等“好死”；临阵而死是第二等；不屈而死是第三等；为尽忠却蒙冤而死是第四等，如楚国的伍子胥、汉代的晁错；功成名就而死是第五等，如秦国的商鞅、楚国的吴起、越国的文种。“临阵而死”和“不屈而死”虽然排在第二、第三等，其实也都是奇男子伟丈夫，绝非平凡之辈，第四等，和第五等死法好像不如前面两种死法，但是既忠于君王，又成就天下之功，立万世之名，也算死得光荣了。所以，智者如果必须死的话，就应该在这五种死法里选择，即使优劣有别，但都是“好死”；至于那些死在病床之上、家属之侧的，全天下比比皆是，这是凡夫俗子的死法，不是大丈夫的死法。

对于自己将怎么死，李贽表示：大丈夫活在世间，不会无缘无故活着，也不会无缘无故死去，活着必有来由，死去必有所为。那种沉寂萧索、卧病在床，扶着棺木、推着车辇，哭哭啼啼地埋到北邙山下的，不算死得其所的。自己已经老了，想要效仿前面五种死法是做不到了，估计会死得很平凡。谨以此告知那些似乎相知的朋友，听到死讯后来看自己，却千万不要为自己收尸。

这年闰六月初三，李贽落发不久后，他的妻子黄氏在泉州病逝，年仅56岁。李贽大约在一个月后才知道妻子的死讯，当时女婿庄凤文来麻城探望李贽，丧事是由女儿在家料理的。李贽为妻子题写了墓碑，交给女婿带回老家镌刻下来，墓碑残块的拓片后来被泉州市文物管理委员会收藏。

耿定向的另一个弟弟耿定力这时担任福建提学按察司副使，非常关心黄氏的丧葬事宜，专门撰写了《诰封宜人黄氏墓表》，详细记载黄氏从楚地返乡及死后落葬的情形，盛赞她一生襄助李贽，“贤德可嘉”，提到李贽当官20多年，做到二千石级别的官职，算是国家的高级干部了，但他修身守德，求学如饥似渴，为了学问而流寓四方，家中却一贫如洗。又因为李贽是福建泉州府晋江县人，属于退休离职的知府，耿定力作为提学使，特地写文章以示表扬，交泉州府转给庄凤文，并拨出8两官银，作为镌刻墓石帮助落葬的资金。

耿定力还特地提到，李贽听到黄氏谢世的噩耗时并没有表现出巨大的悲痛，反而是与李贽交往的人大多为此哀伤不已。其实，李贽先后写了六首《哭黄宜人》。不久，李贽所尊崇的

罗汝芳也不幸辞世，李贽又写了《罗近溪先生告文》，设置灵位祭奠他，说在听到消息后一直都感觉是在梦中，“真哀不哀，真哭无泪”。这时候，一个叫周明明的人来到龙潭湖追随李贽。他在年少时就聪颖超群，考秀才时得了第一名，在去省城参加乡试渡河时，看到众人争渡，心有突然生出许多感触，不愿意继续参加考试而返回家乡麻城，从此弃儒入道，隐居在福建武夷山的大王峰，后来因为崇拜李贽，与李贽脾性相合，就落发为僧，自号“金牛子”。

第二年，家乡人从福建晋江来麻城，将已经妥善安葬黄宜人的情况向李贽报告。李贽写信托他转给庄凤文，他在信里高度评价自己的妻子具有“孝友忠信，损己利人”的精神，在家境不佳的情况下操持家务，是自己的贤内助，除了夫妻恩爱之外，更有“妇行妇功妇言妇德”，远胜于有名无实的道学先生，稍稍令人遗憾的就是在讲学方面不相信“人言”。除此以外，其他方面许多同时代人都难以企及。他还谈到，自从听到妻子的死讯后，自己每天晚上都梦到她，到了分不清是活人还是鬼魂的程度。他希望庄凤文能够在岳母灵前将这封信读三五遍，以表达自己的思念。

这一年，焦竑高中一甲进士第一名，开始担任翰林院修撰。与他同榜的进士有马经纶、祝世禄、董其昌、庄懋华等人。耿定向写了贺信给焦竑，接着又去信指责李贽极力赞颂冯道的行为。不久，祝世禄从黄陂教谕升任安徽休宁县令，前来拜会李贽。

李贽一直非常爱扫地，到了几个人赶着编扎扫把都来不及供他使用的程度。早年的洁癖，现在愈演愈烈。他每日在擦脸洗澡、衣着整洁方面容不得半点污垢，如有“俗客”不请自来，刚一碰面，就会让他们远远坐着，嫌弃他们的肮脏污秽。如果是他欣赏的人，整天谈笑风生；如果是不投缘的人，则终日一言不发。他说起话来妙语连珠，有时使人忍俊不禁；有时使人如针刺骨。这时的李贽越来越感到“老而无朋”，非常孤独，想要离开龙湖，再度留起头发，准备去京师投奔焦竑。李贽先送无念和尚入京，会见友人焦竑、顾养谦、袁宗道、邹汝光、杨起元、李时辉等人，其中的一些朋友，或者给李贽写信，或者赠送他一些俸银。顾养谦这时新任南京户部侍郎，约请李贽到江苏镇江的焦山隐居，李贽以不喜欢焦山为由，婉言谢绝。夏秋之交，无念和尚回到龙湖后，告知李贽京中友人的状况，李贽听说焦竑“身心俱不闲”，只好打消进京投靠焦竑的念头。

李贽回信给焦竑，表示自己将继续暂住龙湖，并准备修建一间“塔屋”，作为读书的处所，也可以作为以后收藏自己骸骨的地方。他非常关心焦竑的仕途，认为“得位”或许不难，“立位”才是最难的，千万不能用状元的名头恐吓人。他还告诉焦竑，自己非常感激国子监司业杨起元，杨起元得知李贽与周思久关系恶化，就写信给老师周思久，称赞周思久和李贽都是“人龙”，本来就志同道合，主动为两人劝和，并赠送俸银给李贽。之后，在曾中野的周旋之下，李贽表示愿意与周思久冰释前嫌，并且笑说自己是“负气之人”，路见不平时尚且要拔刀相助，何况自己亲身经历的时候，与曾中野长谈后，一切误会已经消除，不会再埋怨周思久了。周思久在重病中还特地评点了自己和李贽对“朋友之义”的看法。周

《焚书》与《续焚书》

思久病逝后，李贽将新刻的《焚书》和一封书信寄给他儿子周贵卿，并称自己和周思久是“道义之交”，可能由于偏执急性，违拗朋友，让他难堪。

万历十八年（1590年），李贽完成了《说书》《焚书》等著作，以及《藏书》的个别单篇评论后，都在麻城刊刻印行。他解释说，《说书》计44篇，有关名教圣学，凡是要讲修、齐、治、平的仁人君子都应该参看阅读。《焚书》收录了他在这年之前所写的书信、杂著、诗歌、史论等，很多是他与知己友人的书信往来，这本书切中的都是当时学者的要害和病根，是“逆耳之作”，本来是应该焚烧掉的，所以叫做《焚书》。他现在不顾觉得这本书逆耳的人可能会杀害自己的危险，不顾自己的论敌耿定向这时也已退休返回麻城而坚持出版，是由于这本书“入人之心”，已经产生了深远的社会影响。《藏书》有“藏之名山，以待后世”的意思，它收录了从战国时代到元代800多个历史人物的传记，发出“孔子的是非为不足据”的理性觉醒的呼唤，大约在《焚书》出版9年后结集出版。

就像李贽预料的那样，《焚书》一问世，即产生轰动效应，很多人争相一睹为快。曾因误会而讽刺李贽的汤显祖，在朋友家看到这部书，顿生仰慕之情，立刻写信委托友人帮自己弄一部，想先睹为快。“公安三袁”中成就最高的袁宏道，在接到李贽寄来的《焚书》后，满怀喜悦地写下《得李宏甫书》一诗：

似此瑶华色，何殊空谷音？
悲哉击筑泪，已矣唾壶心。
迹岂《焚书》白，病因“老苦”侵。
有文焉用隐，无水苦为沉。

多年以后，他还特地提到，只要案头有一部《焚书》，就可以消愁解闷，可以治病健脾，可以警醒开眼，而且十分有效。与李贽虽曾谋面却没来得及深谈的梅国祯，这时正患眼病，过了一个月都还没有完全康复，知道《焚书》出版了，急忙要来拜读以后，笑着跟人说："像李贽这样的老先生，如果与他有纠结嫌隙的话，只能够将他捧上莲花宝座，早晚率领大众顶礼膜拜，来销蚀折煞他的福分，千万不要妄想去压制排斥他，否则反而会抬高他的身价！"明代名儒杨起元，8岁时就能作文骂鬼，15岁时落入贼手，从容写诗得以解困，他读了《焚书》以后，盛赞李贽是世上难觅的奇才，认为如果能与李贽朝夕相处，不但可以大开眼界，更是自己天大的福分。祝世禄告诉友人，李贽著作宏富，总是能够发出前人未有的见解，那些抱残守缺的人对此不是愤怒就是讥笑，不是讥笑就是吓得落荒而逃。明末东林党领袖、清初诗坛盟主钱谦益说，李贽的著作，在上下几千年之间别出手眼，抨击伪道学，与耿定向论战的书信，更是动辄上万字，让天底下的"伪学者"没有不胆战心惊的，他们担心李贽抨击自己，就都将他视作幻象妖孽，群起而驱逐之。

就在前一年，耿定向从南京都察院右副都御史升任户部尚书、仓场总督，不久辞官回原籍调理身体。他看到了《焚书》后，却非常震怒，有一种惊闻"诽谤"的感觉，马上翻检出以前与李贽论战的书信，写了一封《求儆》的公开信，由他的学生蔡毅中写序言来攻击李贽。耿定向还勾结官府迫害李贽。黄州知州和兵备道张榜驱逐李贽，称黄州有旁门左道，诬民惑世，还派人抓捕他。

李贽只好前往武昌。这时，他的学生杨定见和常住僧常中、常通为了实现他归葬龙湖的愿望，便祷告神灵，然后着手在芝佛院后面，沿着山势为李贽修建塔屋。李贽接着紧急进入衡州，游历湘南，拜访衡州府同知、福建诏安人沈铁。

不久，李贽返回龙湖。湖广左布政使刘东星让他的儿子刘用相来出家，并向李贽学道。李贽告诉刘东星，落发不是一件容易的事，如果出于愿心，以后落发也不晚，即使带发修行也没有什么妨碍；当今有很多衣冠整齐的“肉身菩萨”，根本不用落发，一样可以学研佛理；自己资质鲁钝，性情疏懒偏颇，不肯应酬往来，所以借落发来逃避世俗事务，并非为了真正出家。

第二年春天，李贽得知耿定力即将回到黄安后，就写信给还在四川的另一位至交好友周友山，流露出愿意与耿定向和解的意向。

袁宏道带着前一年所著的《金屑篇》来龙湖向李贽问学。李贽与比他小41岁的袁宏道相谈甚欢，留他住了3个月，临别时，坚持将袁宏道送到千里外的武昌。李贽曾有临老孤单无朋的深切痛苦，为此写过一篇《老苦》的文章，此前与袁宏道相会后，欣然赠诗，发出“早得从君言，不当有老苦”的释然和感慨。这一次相见，袁宏道更是有了振聋发聩的感觉，就像一片鸿毛遇到了千里顺风，一条大鱼跃出万里鸿沟，从心灵和古人那里得到养分，外传为语言，如同流水汩汩而出，铺天盖地而来。这年五月，李、袁两人继续在武昌同游黄鹄矶，登上号称“江南三大名楼”之一的黄鹤楼，纵览武汉三镇，结果被冠以“左道惑众”的污名而遭到驱逐。他写信给周友山，含蓄地指出这次驱逐事件的幕后主使就是他在不久前还想与之和解的耿定向，在给杨定见的信中，干脆直接指出耿定向这位高唱孔门“亲民学术”老调的“大宗师”就是幕后主使。不过，李贽又感到耿定向原本就与自己交好，可能是他那些不愿意二人重新和好的学生门徒从中作梗，使得耿定向偏听偏信。如果这样的话，不仅会让耿定向背负主使者的骂名，而且说不定会在客观上彰显李贽的名声。这又是李贽不愿意看到的，因此，李贽希望能够将这层意思告诉耿克明，由他转达给他的父亲。

李贽在被驱逐的当日，为了表示愿意“服善从教”，立刻蓄发加冠，随即与袁宏道住到离武昌20里的洪山寺。

这次意外被逐反而让李贽名声大增。杨起元推崇李贽是具有叛逆精神的原壤，他写信给周友山，表示愿意为李贽排解纠纷。袁宏道将李贽的情况介绍给刘东星，刘东星特地赶到洪山寺拜访李贽。他原本就想与李贽相会，听到别人的毁谤后，总是半信半疑，认为一个人主动辞官已经很不容易，再离家出走就更难做到了，这个人一定是“有道”之人，当他见了李贽之后，更对自己的看法深信不疑了。

刘东星毕恭毕敬地将李贽请回武昌城，与他朝夕相处，大有相见恨晚的感觉，刘东星的儿子刘用相在旁听讲，一副若有所得的样子。一些见过李贽《焚书》等著作的湖广官员，如赵钦汤、王叔陵、李桢等，都非常崇敬他。翰林院编修陶望龄还从浙江绍兴寄信给刘东星，表达对李贽的敬仰之情。刘东星经常邀请李贽到官衙探讨学问，李贽都要有刘东星派来的使者的引领，才肯进入官衙。他对此解释说，这样做并不是为了显示自己有多么尊贵，只是要让所有的人都知道自己进出官家只是讨论学术问题，更不想让人将此作为毁谤的把柄。

耿定向的门徒蔡毅中这时写了《焚书辨》一文来攻击李贽。李贽知道武昌是耿定向门徒聚集的地方，大有寸步难行的感觉。尽管如此，他不但没有责怪这位素不相识的蔡毅中，还称赞他是“好贤乐道”之人。

在刘东星的暂时保护下，李贽继续寓居武昌，自称“安乐自在汉”。

万历二十年（1592年）二月，发生了震动朝野的“宁夏兵

变”，早年归降明廷的蒙古人哱拜纠合儿子哱承恩、义子哱云起兵叛乱。而此时偏偏祸不单行，倭寇屡次横行东南沿海，警报频频传来。面对国家东西边疆的战事，这时的李贽虽然早已离开官场，但是依旧感到寝食难安。

一次在讨论战事时，李贽问刘东星：“国家的两边都在报警，到底哪边最为紧急？”刘东星回答：“东边最急！我一向听说倭寇歹毒横行。”但李贽冷静地说：“东边可以缓一缓，西边最急。假设朝廷派您西征，您会怎么做？”刘东星沉吟了很久才说：“我将招降，安抚他们。”李贽听了默默不语。刘东星反问：“如果派您去呢？”李贽立刻回应：“剿灭他们，不留遗种！”刘东星听了也是默默无语。之后，两人互相分别。

此后，李贽继续关注朝廷战事，仍然坚持西线最急的看法，认为宁夏地区是少数民族聚居地，离关中很近，却不时兵变，假若一味招抚，容易引发更多人叛乱，理应严厉镇压。这时，浙江道监察御史梅国祯向朝廷上奏，推荐李成梁的儿子李如松为总兵官，表示自己愿意为御史监军，一起前往宁夏平定叛乱。当梅国祯的奏议得到朝廷批准后，李贽喜上眉梢，第一时间把这个消息告诉了刘东星，对平叛充满了必胜的信心。

九月，李如松攻破宁夏大城，包围哱拜家，哱拜全家自杀，哱承恩被擒。李贽寄信给梅国祯，表示对他寄予厚望。西征胜利后，李贽对梅国祯勇于任事和功成不居的品质推崇备至。

四月底，刘东星升任都察院右佥都御史，巡抚保定。在他赴任后，李贽寄诗给他表示怀念和感激，又写信给焦竑，坦露自己不知“当归何所”的痛苦，还回信给友人陆思山，发出对无人料理天下时局的焦虑和感叹，以及对张居正的深深怀念。

有感于宁夏兵变，李贽写了《二十分识》和《因记往事》，表现了对“国事”和“人才”的关心，还以胆、才、识三方面来衡量自己。可能是生长于沿海，见惯了惊涛骇浪的缘故，李贽在壮年时就曾率领族中子弟登上泉州城垣，协助抗击倭寇并取得胜利。他在《因记往事》中称赞海上“巨盗”林道乾，此人有识有胆，横行海上30余年安然无恙，在明帝国和暹罗、柬埔寨等国家之间进退周旋。如果朝廷能有这样的人才，就能保证东南无忧。李贽与刘东星对国家东西线战事持不同意见，认为倭患暂时可予以控制，应该都来源于他对海洋的深刻认识。

就在暂住武昌的时候，位卑未敢忘忧国的李贽，同时开始评点《忠义水浒传》，撰写《忠义水浒传序》。他说，这本书是忧时发愤之作，作者施耐庵和罗贯中生于元代，心在宋代，感愤于宋徽宗和宋钦宗做了金国的俘虏，因此安排了宋江率领一百单八将大破辽国的情节，来发泄心中的愤懑，抒写爱国情怀；他倡议帝王将相都来阅读《水浒传》，那么，“忠义”就能存在于朝廷中帝王将相的心里，否则就只能存在于作品里。除此之外，他还热情地讴歌了其他戏曲、小说等通俗文艺作品，赞扬《水浒传》《西厢记》和《金瓶梅》是天下奇书，他自己认为评点《水浒传》是一件“甚快活人”的乐事。历代学者和读者都十分推崇李贽的评点，认为这些文字能转换时空，在作者和读者之间打开了一条精神通道。甚至有些后世的读者在拍案叫绝之余，还希望已经逝去的李贽能够起死回生，帮助读者一道解读《水浒传》。

这一年秋天，耿定力由河南右参政（明代及清初布政使的下属官员）升任太常寺少卿（掌管礼乐的最高行政机关的属官），准备在冬天返回家乡，李贽知道后，又产生了与耿定向和解的意向，甚至做了一个梦，在其乐融融的梦境中，李贽与耿定向像从前那样谈笑风生。

法眼寺

第六章

直面迫害，宁死不屈

李贽在晚年与耿定向重归于好，但双方的思想鸿沟并没有彻底消除。李贽继续讲学会友，在去通州的路上遭到弹劾，被皇帝批捕，最后在狱中为维护自己的信念而自刎而死。在他去世后，其思想精髓逐渐得到越来越多人的认同。

重归于好

万历二十一年（1593年）春，李贽从武昌回到龙湖芝佛院后，加盖佛殿两厢以及前廊两边的抱厦，题匾“阿弥陀佛佛殿”，准备雕塑佛像，聚僧念佛。

梅国祯的三女儿梅澹然即将落发出家为尼，听说芝佛院要塑观音大士像，她发愿要成为观音大士，写信请李贽为她作记。梅澹然人品秀丽，长大后受姑母梅国晋的影响，吃斋念佛，研读藏经，练习刺绣。她从小被许配给刘守有的儿子刘承禧，不料，还未出嫁的时候，刘承禧就病死了，她未嫁守寡，性情坚贞娴静，真心向佛，特地选在自己生日这一天，去新建成的绣佛寺落发出家，后来成为“正觉澹然大师”，被塑成铁像侍立在观音大士的后面。李贽写诗向澹然表示祝贺，称她为“澹然师”和“龙女”。

梅澹然的二姐嫁给刘守有的堂弟刘守巽之子刘承绪为妻，结果早年守寡，笃信佛法，法号“善因”，还有自信、明因等人，在澹然的影响下，她们对佛法深切向往，常向李贽请教，李贽称她们为“众菩萨”，尤其感到善因才力、见识超群，善因姐妹向佛之心坚真无悔，所以发自内心敬重她们。后来，李贽将几年来为这些女弟子解惑答疑的回信结集成书，命名为《观音问》，书信内容涉及佛性、世界本源、佛教修行方法等，是李贽谈佛论道的重要著作。梅国祯为了感谢李贽对自己女儿的看重和推崇，将祖辈珍藏的唐代大诗人白居易手书的《楞严经》赠送给李贽，李贽后来将它转送友人冯维祯。

有人这时候写信给李贽，提出“妇人见短，不堪学道”的看文母是周文王的妻子，周武王的母亲。邑姜是周武王的妻子，周成王的母亲。

法。李贽写了一篇著名的《答以女人学道为见短书》对此加以驳斥。他说道，古代男子出生时，就以桑木为弓，以蓬草为箭，射向天地四方，表示好男儿应有四方之志，男子确实也有奔走四方的自由，而女子则被限定在家庭和闺房里面，所以才有女子见识短的误解。其实男女的智力是同等的，只要给女子学知识广见闻的机会，恐怕“当世男子视之，皆当羞愧流汗，不敢出声矣”。他列举了历史上一些贤明聪慧女子的事例，说明只要给予适当的空间和条件，女子照样可以参政治国，可以写诗作赋，才智不但不会输给男子，甚至可能会“有过之而无不及”，如文母和邑姜生长在商周之交，她们都能以超凡的见识和意志帮助丈夫处理好内务，培育出德才兼备的接班人，可以算得上是女子中的圣人；又如薛涛号称唐代四大女诗人之一，她不但才华横溢，而且能够熟练处理公文，杰出而不轻易服人的唐代大诗人元稹，就因为倾慕薛涛而不远千里前往四川。

李贽主张男女平等，主张寡妇可以再嫁，反对男子多妻。他在继子贵儿溺水而亡后，鼓励寡媳改嫁；而即使自己的亲生儿子全部夭亡，他宁可冒着封建时代“无后”“不孝”的骂名，也绝不纳妾。封建卫道士骂卓文君和司马相如的自由结合是“淫奔”，李贽却认为与其白白错过一生的佳偶良缘，不如早做出明智的抉择，忍耐小小的世俗骂名而成就人生大计，歌颂文君和相如的结合是“同声相应，同气相求，同明相照，同类相招”。

李贽在麻城讲学时广收学生，大部分是男学生，也收女学

生，这些女学生多是大家闺秀，而无贫苦市民。李贽的这些做法当然遭到了理学家们的诋毁。

五月初五，芝佛院诸佛像雕塑完成，袁宗道等人到龙湖向李贽问学。李贽信步而走，看着刚雕成的诸菩萨和韦陀尊者像，不由得大发感慨：一块普通的泥巴，可以雕成佛祖，雕成菩萨，雕成尊者，可以雕出慈祥或者威严的法相；而人自称万物之灵，有时反而不如一块泥巴，任你千言万语，他自装聋作哑，根本听不进去。

雕塑佛像的金师傅心境平实稳重，但视力不是很好，还有一只眼睛不好使，所以雕出来的佛像有的面目不大平整，和尚们纷纷要求他改正。李贽知道后，大叫道：“叫他不必改，怎么又改过来了呢？”怀林和尚满腹怀疑地问：“譬如，菩萨的鼻子和嘴巴歪了，面目不端正，也不必改正吗？”李贽说：“你们怎会明白个中道理？你仔细看一看，没改动时，多么神气，多么精彩！只要有神韵，如同佛像会动，就是有善行的佛像了，没有必要改得好看。好看只是外形，会动才有神韵。好看是装饰出来取悦于人的，就像那些假托道学的人和事一样。会动的，出自内心的，是用肉眼看不出来的。”

芝佛院佛殿刚刚落成，袁宗道就带着两个弟弟袁宏道和袁中道，还有他们的八舅龚仲安，以及10岁时就能写得一手好文章的公安人王辂，来向李贽求学问道。这里背山临水，清泉幽深，山石奇异，别有一番雅致，来客在龙湖住了10天。他们向李贽请教的范围可谓包罗万象，如圣人凡人的异同，如“六经”《水浒传》，如古人荆轲、管仲、韩信、杜甫、晏婴等，如时人何心隐、王心斋、王龙溪、耿定理、邓豁渠、罗汝芳等，如学道是否要做豪杰、要根器，如做学问是否要功业等等。而李贽就像一位佛门的纵横家，对此一一做出了精辟的论断和说明。他们在聆听过教诲之后，恭敬地将李贽比作道家的鼻祖李耳，比作“人中之龙”，将麻城比作“西周”。李贽也很欣赏袁宗道和袁宏道等人的才能，称赞他们是“天下名士”。

在秋意正浓的时候，杨起元写信托新升任南京大理寺卿的周友山带给李贽，里面有劝告李贽的话，如“达理者无是非，契真者无同异”，意思是明白事理的人没有对错之分，而追求真理的人也没有根本区别。在衡州同知沈铁的调停下，耿定向和李贽终于在黄安再会，两人相抱大哭，互相叩拜，畅叙别情，同游天台山，相处数日以后才分别。

这段时间无念和尚游方在外，加上芝佛院的僧徒增加到40多人，院中事务暂由李贽主持。他发现院中出现有人吃饭无人干活的现象，就将僧众分为三等，详细列出每人的具体职责，进行约束管理。

第二年春天，无念和尚因为其他事情怪罪他的徒弟常闻，前往河南商县黄柏山中创建法眼寺。李贽写信劝告他，但他坚持己见，还派徒弟来龙湖搬运粮食上山。接着，小沙弥杨道“无故而逃”，无念的徒弟怀喜自称要闭关念经，也离开了芝佛院。

这年夏秋之际，耿定向病危，李贽曾前去探望。但重病卧床的耿定向，忽然又写了《学象》和《冯道论》猛烈攻击李贽。麻城又掀起一场迫害李贽的风暴，有一些人进一步与地方官员联手，扬言要拆毁芝佛院。李贽写信给周友山，表示要在佛殿后立刻加盖阁楼，作为读书、藏书和放置藏书版的处所，表现了不怕迫害的斗争精神。

万历二十三年（1595年）初，原任广东参议（明代布政使的属官，有左、右参议）的史旌贤调任湖广佥事（明代提刑按察使

的属官），兼任湖北分巡道（明代于按察司之下设立的按察分司的长官，负责监督、巡察其所属州、府、县的政治和司法等方面的情况）。史旌贤与耿定力是老朋友，在京师的时候，曾经拜耿定向为师。他这次就任后，特地到黄安拜见耿定向，途经麻城时，扬言要“依法”严惩李贽。退休的尚宝司少卿（掌宝玺、符牌、印章的官署的属官）周弘禴造谣说，生员刘守蒙的夫人毛文贞，24岁守寡，奉行佛法，崇尚戒律，慈祥宁静，却有自称大士的龙潭湖李先生，高谈上乘法门，煽动男女，要见刘夫人，遭到拒绝后，仍不死心。等到耿克念去信询问时，周弘禴却再三辩解，坚持说没有这回事。

虽然史旌贤与耿定力关系不错，但是李贽绝不相信是耿定力是这些事的幕后操纵者，他认为这些都是有人在挑拨离间，嫁祸于人。耿克念这时来信邀请李贽到黄安去。李贽感到自己正处于“嫌疑之际”，不方便前往，就回信说“我可杀不可去，我头可断而我身不可辱”，指出史旌贤企图用恐吓手段迫使自己主动离开麻城是绝对办不到的事。他又写信给隐居在天中山的马伯时，表示自己并无任何欺心罪过，一生严于律己，并依照法律来治理百姓，而且对自己最严格，对百姓最宽仁，现在竟然有人不依照法律就要随便驱逐自己，自己如果死罪难免的话，也要有朝廷的旨意，自己绝不逃避。

这年冬天，庄凤文到麻城探望岳父。担任江西宁州知府的方沆也前来相会，共同探讨学问。临别的时候，李贽在方沆的纪念册上题了“征途与共”四字，并写了《征途与共后语》，说“世间功名富贵，最易埋没人”，强调学道除了要大师指点外，主要靠自己独立实践，才能够有所得。刘东星也在这时派儿子刘用相来接李贽到山西沁水。李贽本来决定动身，又听说史旌贤要惩治自己，就决定不去山西，改赴黄安之约，表示自己不怕多事。

十一二月间，李贽冒着严寒到黄安天窝会见耿定向，耿定向喜出望外，双方又一次和解。李贽写了《耿楚倥先生传》，自叙和耿定向冲突及和解的来龙去脉，写好之后，又非常郑重地抄了3份，一份呈送耿定向，一份交给耿定向的儿子耿克念等人，一份寄给在京的耿定力。耿克念送庄凤文返回福建，一直送到江西九江，特地派人到南京将二人和解的喜讯报送给时刻关心这件事的周友山。周友山接到李贽寄去的《耿楚倥先生传》，立刻为之写序并刻印出版。

第二年正月，若无和尚准备离开龙潭湖芝佛院远游他乡。他寡居多年的母亲张氏为了劝阻他，写来一封情真意切、深明义理的书信。李贽跟着读了这封信后，深受感动，写下了《读若无母寄书》，称颂若无和尚的母亲是"圣母""真佛"，认为自己的作品和讲学与其母的来信比起来都是在"虚张声势"，应该赶快扔到水火之中，他认为念佛者必定要修炼品行，而所有品行之中最重要的莫过于孝顺，"佛"也是日常中那些孝顺慈爱的人而已。耿定向读了李贽的这篇文章以后，写了《读李卓吾与王僧若无书》，认为母子相互依恋牵挂，都是出于本心，圣人凡人都不例外，在耿定向看来，李贽在麻城讲学著书，无数精英闻风而来顶礼膜拜，他现在却能被一位村妇所感动，说明李贽早年抛开家庭远离俗务，如今年届七旬，又能够回归本心。紧接着，耿定向忍不住又写了《孝节传》和《书孝节传》，来表彰这位"感省"李贽的张氏贤母的孝节行为。

李贽为此写了一篇名叫《八物》的文章，将人比作自然界的八种事物，即概括为不同层次的八种类型，提出"有用""有益木主是木制的神位，上书死者姓名以供长久祭祀，又叫“牌位”。

于世”的用人标准，主张对各种人才“兼收而并用”，认为对人才不可以求全责备或者有非分的要求。

二月初，李贽从黄安回到龙湖后，听闻史旌贤调任江西按察司佥事的消息，心有所感，回顾自己的官场生涯，写下《夜半闻雁》四首诗，其中一首是：

自有凌霄翮，高飞安不得。

如何万里行，反作淹留客？

诗中表达了自己想离开龙湖远离迫害，却又不得不留下的矛盾心理。他又感到自己老病交加，于是立下《豫约》，让侍奉他的人日后有据可循。《豫约》共7条，前5条是戒律式的守则，后两条可以看作是李贽的生平自述和遗嘱。他在遗嘱中说到，等自己坐化封塔后，要立刻在百日内祭祀木主，早晚各烧一炷香，中午供奉一盏饭，一盅茶，少许豆豉，悬挂琉璃灯，不用啼哭哀伤，四季祭拜时，供桌的右边放置自己点校、著述、抄录的书籍，左边放置平常穿着的衣服，早上排好，晚上收起，全年祭祀13次即可，但是一定要烧好香，烧好纸钱，千万把书看好，一本都不要轻易借给别人，即使是女婿庄凤文来要书也不能给他。他在生平自述中提到，世间只有三种人才适宜出家。在怀林和尚的追问下，李贽自称勉强可比于陶渊明这类人，属于第三种，自己已是一个风烛残年的老人，根本没有能耐去败坏麻城的风俗教化。然而，他又认为自己可以以“堂堂之阵，正正之旗”迎战论敌，绝对无畏于他们的“杀”“打”“骂”等各种手段。

六月二十一日，耿定向病逝。在此之前，李贽在刘用相和怀林等人的陪同下，取道河南，前往山西沁水。汪可受前来上党主持山西乡试工作结束后，李贽和他相见，从试题谈到将来的打算，他预感自己能够死在皇帝的诏狱里，觉得这就是不虚此生了，又鼓掌说：“那时名满天下，快活快活！”

到了沁水后，李贽辞谢其他慕名而来邀请自己的名流们，住在坪上村，白天闭门读书，晚上教导刘用相、刘用健堂兄弟学习《大学》和《中庸》，并据师生之间的问答写成《明灯道古录》一书，刘东星专门为此写了《书道古录首》。李贽自称《道古录》是宣扬孔孟之道的，他用自己的观点解释了《大学》和《中庸》中的一些基本儒学概念。

第二年正月，担任大同巡抚的梅国祯邀请李贽前去山西大同，并对袁宏道辞去吴县县令一事流露出羡慕之情。李贽去信，对此表示大不以为然。麻城、黄安等地却传来有人扬言欲杀李贽的叫嚣，经过焦竑的剖析分解才逐渐平息。焦竑听说李贽准备转赴大同后，就寄信劝他返回龙湖。李贽虽然表示感谢，却仍然在春夏之交动身赶赴大同。他路经晋阳（今山西太原）和清凉山（五台山，佛教四大名山之一），写下了诗歌《晋阳怀古》和《观音阁》等。到了大同，李贽在研习“武经七书”的基础上，精读《孙武子》，参考其他“六书”，写成《孙子参同》一书。梅国祯盛赞此书“集兵家之大成，得《孙子》之神解”。袁宗道形容自己读了此书后，就像一个沿街乞讨的穷孩子忽然变成了暴发户一样。李贽在书的序言里论证了文武互相结合而且密不可分的关系，对“能文不能武”的酸腐读书人，以及他们只会“通经学道”却轻视军事的思想进行了严厉的批判。李贽同时继续修订《藏书》，自称这是“万世治平之书”。梅国祯为李贽提供了丰厚的供养条件，还派人为他抄录《藏书》，邀请李贽到大同城东门检阅军队会操，登上西北楼——乾楼，一起饮酒题诗。古大同城略呈方型，城墙四角有四座角楼，西北角楼呈八角形，尤其宏伟壮丽，因为位于八卦十二方位之首“乾”位上，所以叫“乾楼”，在我国古城墙建筑中都很罕见，有“镇楼秋爽”的美誉。

北驰南奔

在大同待了几个月后，李贽于八月离开，前往阔别多年的北京，刘用相等人继续一路随行。平时与李贽一起研讨佛法的大同府推官李惟清送来路费，李贽予以谢绝。

一天清晨，李贽一行人被连天的号角声惊醒，但见铠甲铮亮，军马长嘶，战阵如云，在寒风晓雾之中，从宣化、大同抽调出来的将士们，迈着整齐的步伐准备踏上援朝抗倭的征程。很久未有见过这般恢宏场景的李贽一时情不自已，写下了《晓行逢征东将士却寄梅中丞》一诗。在离京师100多里的地方，李贽他们穿过号称明代“京西四大名关”之一的居庸关，到达通州城东的潞县故城庄，进京的官员一般都先暂住在此。李贽请时任左通政的耿定力在京师代为寻找进京后歇脚的僧舍，因此边停留边等候消息。

在寓居通州时，李贽结识了由山东肥城知县升任监察御史的马经纶，李贽认为他有经世致用的才能，日后国家如有危难，马经纶必定是难得的人才之一。两人后来也成了好友。

到了重阳节的时候，李贽到达北京，住在西山极乐寺。极乐寺离京城较远，李贽整天足不出户，闭门读书。很多友人闻知李贽到此，纷纷前来相会，尚宝司少卿潘士藻与李贽一向谈得来，

“南张”即福建晋江人、探花、书法家张瑞图，“北董”即华亭（今上海松江）人，进士、书画家董其昌。

两人谈到兴起的时候，就经常“对榻而眠”，联床夜话。

焦竑在担任顺天府乡试副主考期间，一次翻阅被淘汰下来的卷子时，发现一个叫徐光启的考生答得非常好，不由得拍案赞叹，将徐光启提到第一名的位置，考试结束后，又写了《养正图解》上报给明神宗。徐光启后来官至礼部尚书兼文渊阁大学士，果真成为著名的科学家、政治家。不料，给事中（明代给事中分吏、户、礼、兵、刑、工六科，辅助皇帝处理政务，并监察六部，纠弹官吏）项应祥、曹大咸举报考生曹蕃等9人的文章用词奇险怪诞，对焦竑进行诬陷。焦竑向皇帝报送奏疏为自己辩解。文稿外传以后，李贽就在奏疏的末尾附文替他辩解不白之冤。焦竑写信给李贽，除了致谢以外，还将事件的原委原原本本地告诉了李贽。尽管如此，焦竑还是被贬为行人（掌接待诸侯及上卿之礼的官员），接着被再贬到李贽的家乡福建，担任福宁府同知，李贽一再去信加以劝慰。

万历二十六年（1598年）正月初一，李贽破天荒地走出位于极乐寺的寓所，与友人团拜，并因此写了《闭关》一诗来调侃自己：

闭关正尔为参禅，一任主人到客边。

无奈尘心犹不了，依然出户拜新年。

被称为晚明书法界“南张北董”之一的董其昌，也详细地记录了当天在京师郊外寂静处与李贽会面的情景，他与李贽只经过寥寥数语，就极为佩服李贽的远见卓识，顿时成为莫逆之交。沈

王朱理尧也久闻李贽的大名，来信邀请李贽前往他的封地潞州府（山西长治），但被李贽婉言谢绝了。李贽在城外干脆一住就是几个月，与新朋旧友纵横谈论兵书战策与经世致用的策略，一时乐此不疲，却让友人袁宗道大不以为然。

春暖花开的时候，李贽与刚被罢免讲官职务的焦竑一起坐船南下，准备前往南京，经过河北沧州时，碰见长芦转运使何继高。何继高平时深入研读王龙溪的作品，并且深知李贽对王龙溪更为推崇，更有研究，因而诚邀李贽精选并圈点王龙溪的著作，以便河北、山东一带广大的读书人能更好地研习“王学”，李贽欣然应约。焦竑虽然随行载有满满两船书，一时却无从查找到原著供李贽圈点批注，何继高只好与李贽约定秋后再派人来取书稿。李贽在船上除了开始圈点工作外，还选录了宋代郭象宣扬鬼怪神异的志怪小说《睽车志》，并分别撰有《龙溪先生文录抄序》和《选录〈睽车志〉叙》。他还将自己的一些零星著作编辑成《老人行》，且在“叙”中提到，假如有人读到此书而流下眼泪，就能够“坚其志无忧群魔，强其骨无惧患害”，就如同僧肇法师所说的“将头迎白刃，一似斩春风”，与孔子所说的“有杀身以成仁”是相通的，那么这本书就可能有希望“感通于百世之下”。

船只行经聊城时，因为痛感于正月间明廷援朝战争的惨败，李贽写了《过聊城》和《聊城怀古》等诗，其中的“倭夷两步卒，廊庙几公卿！不见鲁连子，射书救聊城？”对援朝将领未战先逃、辎重尽失而致全军大溃的丑行极尽讽刺。到达江苏仪征后，他们与前来迎接袁宏道家属入京的袁中道不期而遇，就结伴同游天宁寺，袁中道称赞李贽“年老有精神”。

在他们于夏初到达南京后，李贽住进焦竑盖好的精舍，接着到定林庵访问，称赞定林和尚“道不虚谈，学务实效”。不久，李贽移居永庆寺，在伽蓝殿题写对联“少作书生，未见登堂入室；老为庙祝，粗知扫地焚香”，意思是年少时为一介书生，并没有学到高深的知识；年老入寺掌管香火，才稍微知道扫地和烧香，借此勉励自己。然后，他又在墙上书写两对条幅用以警醒自己：

事未至，先一着；事既至，后一着。

无事常如有事时提防，有事常如无事时镇静。

这时，杨起元担任南京吏部右侍郎，并在南京开展讲学活动。他极为推崇李贽，让自己最看重的学生佘永宁、吴世征向李贽问学。

杨起元问这两个学生：“福建泉州的李卓吾老先生，是当代最有学问见识的人，如今住在永庆寺，你们拜见过他吗？”二人答道：“很久以来就在书册之中见过，只是并未真正拜见过。”杨起元再问：“为什么不速速求见？”一个友人从旁插话：“听说他不肯与一般人讲话！”杨起元安然地答道：“就是不说话，见见也好嘛。”又一人惴惴不安地提出：“听说他经常骂人！”杨起元不由得端正了脸色：“卓吾先生怎会轻易骂人？能够挨他的骂才是好事呢！”吴世征请教老师，拜见李贽要有什么印证，又问老师与李贽有什么异同之处。杨起元说：“要什么印证呢？有什么异同呢？就是有什么不同，也不用去管它。”

焦竑后来在《题杨复所先生语录》中描述了杨起元和李贽两人在南京讲学的不同风度：杨起元讲学时，门外满满的排着求学者脱下来的鞋子，并有几位得意门生在听讲时时常笔录老师的精练话语向外传递。李贽与杨起元这时共同执掌论坛盟主的位置，杨起元如同和风细雨无人不亲，李贽却如同绝岩峭壁无缝可入，这两位老先生都得法于罗汝芳，风格却迥然不同。在他看来，还没掌握学问的人，不能不来拜见杨起元，否则会无所适从；已经掌握一定学问的人，不能不来拜见李贽，否则学问难以精进。天生这样两位先生同时在留都南京讲学，绝非偶然。

李、杨二人的讲学活动吸引了大量从四面八方涌来的学者，他们分别来自朝野僧俗等不同领域，或来论学，或来求学，永庆寺一时人满为患。

有人在这时建议李贽返回龙湖。袁宏道时任京兆校官，对李贽的行踪表现出更大的关心。他认为李贽既然在南京能够相得益彰，就不必再回龙湖了，因为麻城虽然人多，但真正能与李贽相知的却没有超出焦竑的，况且与他不相容的人很多，李贽已经72岁，经不起折腾了。陶望龄也从浙江来信，极力挽留李贽在南京住下。

这年盛夏六月，李贽到栖霞山千佛岭拜访袁文炜，老朋友杨定见闻讯而来，令李贽喜出望外。袁宏道也接连写来两封书信，关心李贽的行踪起居以及交游的状态。李贽此时听到辅臣张位因为与援朝抗倭不力的败将杨镐狼狈为奸而被罢官听候处理的消息，不觉拍手称快，对敢于上疏揭发东征的赞画主事丁应泰表示崇敬和赞赏。李贽回到永庆寺后，袁宏道再一次来信关心他，顾养谦也从通州派人送信送物来。李贽对此一一表示感谢，又撰写了《坡公年谱》并《后录》3卷，编成《龙溪先生文录抄》，完成了何继高的嘱托。

万历二十七年（1599年）春天，常融、常中和尚从龙湖来访，李贽高兴地说："正尔逢春日，到来两足尊"，并写了四首诗，以诗代信，委托二僧交给女弟子梅澹然。顾养谦又来信邀请利玛窦，号西泰，是欧洲16世纪宗教改革后耶稣会派到远东来的传教士，被推为“西学东渐”第一人，也是第一位学习中国语言文字，钻研中国典籍的西方学者。他依托“西方僧侣”的身份，运用“汉语著述”的方式传播天主教教义，广泛结交中国官员和社会名流，传播西方天文、数学、地理等科学技术知识，他的著述不仅为中西交流做出了重要贡献，而且对日、朝等国认识西方文明也产生了重要影响。

李贽前往通州，表达了会友的迫切心情。

这年六月，李贽两次会见了天主教传教士利玛窦。大约在李贽卸任姚安知府的时候，利玛窦开始进入广东肇庆、韶州（今韶关）等地传教，后来几经辗转，这是他第三次到达南京。

平时傲视王侯、不肯轻易接受当权者邀请的李贽，因为仰慕利玛窦在自然科学方面的造诣，竟然降尊纡贵先去拜访他；在利玛窦前来回拜的时候，李贽又率领众多弟子出门相迎，两人一见恨晚，相谈甚欢。李贽送给利玛窦两把扇子，并在上面亲笔题写了两首小诗，这两首诗后来被广为传抄。他还让人誊抄了好几份利玛窦所著的《交友论》，在书稿的末尾加上推崇的评语，寄给在荆湘一带的众多学生。利玛窦在日记中提到焦竑是南京城里的“显贵公民”，曾经获得最高级别的学位（指焦竑曾高中状元），特别提到李贽是“有名的和尚”和“著名的学者”，是由一名儒生变成一名僧侣，“这在中国有教养的人中间是很不寻常的事情”，李贽“在他所属的教派中有很多信徒”。一年之后，利玛窦与西班牙人庞迪我从南京到北京，路过山东济宁，前去拜访被刘东星接到当地的李贽，这是李贽与利玛窦第三次会见，这次主要讨论了宗教的教义。

就在李贽与利玛窦第二次会面以后，李贽历十几年积累的著作——《藏书》，终于在南京结集出版，共68卷。《藏书》主要以上自战国（李贽自称“起自春秋”），下至元末的历代正史为题材，从中选取了800多个历史人物的传记，按照自己的观点

对其加以分类，对相应的人物、言论及事件进行评述和批判，或为专论，或是简评，观点振聋发聩，语言泼辣尖锐。他对儒家学派、儒家道统以及儒家的部分代表人物进行了批判，反对将孔子的是非作为判断一切是非的标准，直截了当地指出儒者“不可以治天下国家”。李贽高度赞扬秦始皇“混一诸侯”的历史功绩，称他是“千古一帝”；他将农民起义领袖陈胜、窦建德和历代帝王并列，称赞陈胜是“匹夫首创”；他反对因循守旧，主张革新进步，将历史上的改革家商鞅、晁错、李悝和桑弘羊等人列为“强主名臣”与“富国名臣”；他主张男女平等和妇女解放，反对“饿死事小，失节事大”的说教，赞扬寡妇卓文君再嫁司马相如是“善择佳偶”，称赞武则天是杰出的女政治家。焦竑、刘东星、梅国祯、祝世禄、方时化和耿定力纷纷为《藏书》作序，从各个方面高度肯定这部书的价值。袁宗道对此却不无担忧地说：“祸在是矣！”

《藏书》出版后，意犹未尽的李贽又开始撰写《续藏书》。焦竑也在这年秋天回到南京，决定不再做官。焦竑的学生方时化知道后，特地将家从新安搬到南京，与汪本钶等人一起跟从李贽、焦竑学《易》。梅澹然来信劝李贽回龙湖著述讲学，李贽回信告知第二年回龙湖的大概日期。河漕总督刘东星和儿子刘用相又来信请李贽再到济宁相聚，由于李贽无法抽身，于是刘用相南下南京，参加学《易》的活动。

万历二十八年（1600年）春，刘东星巡河到南京，接李贽去济宁，李贽在寓居期间批点了当时流传甚少的姚广孝的《道学录》，让他最得意的莫过于编成《阳明先生道学钞》，又节录成《阳明先生年谱》二卷，还与前来相会的马经纶同游济宁城与太白楼。那时候，福建晋江老乡黄克缵（被民间称为“黄五部”）担任山东左布政使兼右副督御史、巡抚，知道李贽到达济宁河漕后，派人送来书信和礼物，对李贽行晚辈之礼，表达了对李贽及其著作《藏书》的景仰之情。

通州悲歌

李贽在济宁期间，汪本钶来信催他回南京，他复信给汪本钶，告知回南京的大致日期。后来，李贽送马经纶北上，到直沽分别后，忽然改变了回南京的计划，决定取道潞河（也称白河、北运河，在通州境内）回麻城，在潞河与千里送行的刘用相最后道别。

回到湖北后，李贽与即将赴任夷陵州判的李多见相遇，两人相约同游武当山，3个月后编成《李氏逸书》13卷。

当年的夏秋之交，李贽回到龙湖，本想安心编写著作，完成选注《法华经》、编辑《言善篇》和继续改正《易因》等事项，但是早年反对他的人仍不肯善罢甘休，尽管李贽想要讲和，但无济于事。这时，有人竟称李贽是“说法教主”，传言要将他押回原籍。

在麻城，反对梅国祯的人悄悄联合地方官吏，将矛头指向梅澹然等向李贽书信问法的女弟子，捏造“僧尼宣淫”的无耻流言，诽谤李贽游学楚地，有新寡的名家女削发皈依，导致数以千计的男男女女蜂拥追随，因此建庵收纳，这些人掀起一股“逐游僧、毁淫寺”的冲天恶浪，企图破坏梅国祯的家声，借以迫害李贽。新到任的湖广按察司佥事冯应京以“维护风化”为名，扬言别业一般与“旧业”或“第宅”相对而言，其业主先有一所住宅，另外在郊区另外的供游玩的宅院就称为别业。

要“毁龙湖寺，寘从游者法”，并指使歹徒烧毁芝佛院，拆了李贽的藏骨塔，下令驱逐李贽。几年后，冯应京自己也因为冤案而被捕入狱，出狱后接受利玛窦的劝告，皈依天主教。

面对这样险恶的形势，杨定见想方设法先藏好李贽，然后让他避入河南商城县的黄柏山，无念和尚赶紧将李贽、汪本钶迎入法眼寺。李贽在黄柏山中依然从容写下反对盲从、提倡独立思考的《圣教小引》一文。就在这种情况下，商城绅士张陶亭也慕名冒险前来访问李贽，并送画赠诗。

这年十月，从北通州来麻城向李贽问《易》的马经纶，也紧随他来到法眼寺。紧接着，马经纶写信给冯应京，为李贽辩护。他甚至直白地指出，冯应京不该因为拜访李贽时受到轻慢而对其加以迫害，况且李贽游学四方，老无所依，又是退休的朝廷四品官员；梅氏一族科甲鼎盛而多有功勋，是麻城乃至三楚之地的名门望族，不应该随便污蔑诋毁，更不应该毁掉一个无妻无子的老鳏夫准备埋骨的处所。他还写信严正驳斥“当道者”，劝他们不要将所谓“惑世”和“宣淫”的罪名强加给李贽，因为在思想上卓有建树的李贽，早已是风烛残年的老人。

马经纶决定自己奉养李贽，就和他一路穿过商城、汝阳，来到奔腾的黄河边上，又经过石门、河间和清凉栅，在万历二十九年（1601年）四月，终于到达北通州，住进马经纶的别业。这里位于通州城东南隅临水的地方，也就是靠近文昌阁的莲花庵，建于两年前。李贽除了和马经纶同游盘山和房山之外，不但完成了《续藏书》，还与马经纶一起读《易》，继续不断修改《易因》。李贽将《易》里的每一个卦辞都诵读千遍以上，然后化用苏东坡“经书不厌百回读，熟读深思子自知”的诗句为师生共勉。这样，在寓居通州的两年时间内，李贽对《易因》进行了大量修改，仅保留了原有内容的一二成。对此，马经纶谈道：“乐必九奏而后备，丹必九转而后成，《易》必九正而后定。”李贽接受他的建议，将书名定为《九正易因》。

万历三十年（1602年）正月起，李贽开始生病，卧床不起。到了二月初五，他强撑因为创作《九正易因》而使病情加重的身体，为自己的身后之事留下遗嘱：“如果我死了，请赶快选择城外高岗上的一块地，朝南挖一个坑，长一丈、阔五尺，挖深六尺即止。然后在坑中再挖二尺五寸深，长不超过六尺半，阔不超过二尺半，用五张芦席排列在最下面，将我安放在上面，这样没有一丝一毫的不干净，可以让我心安，这就是我的乐土了。即使马经纶先生要厚葬我，也不如让我心安就行了，我的元气已经散开，这就是安我魂魄的土坑了。

“没有落坑时，请将我搁在板上，就穿我临死前的衣服就行了，千万不可换新衣，让我魂魄不安。但是，要在脸上遮一块布，头放在枕上，然后再用一块透长的白布盖住全身，用裹脚布交叉缠在木板上，在五更初的时候开门，请四个人悄悄地扛到墓地，放在安好的芦席上，木板带回去还给主人。接着，加二三十根椽子，仍用五张芦席铺在椽子上，把挖出来的土再覆盖回去，夯实筑平，加上一些浮土，使人一看就知道是卓吾先生的魂魄所在地。墓的周围栽一些树木，立一块石碑，请焦漪园先生题写四尺大的‘李卓吾先生之墓’”。

“如果有人要为我守墓，一定要出于真心。如果与我不相干

的，就听其自便。我活着的时候不让亲人相随，死后也不须亲人看守。”

马经纶怀着“且喜且惧”的心情读了这篇遗嘱，“喜”是因为自己的故乡能够最终迎来李贽这样伟大的人物，李贽会“死于斯，葬于斯”；“惧”是担心李贽“万一不得死于斯，葬于斯”，因此写了《书卓吾先生遗言后》，又忙着为李贽在潞水之西的迎福寺旁买了一块墓地。那是宝林古寺的旧地，在隋朝末年毁于兵燹，后来，曹叔良等人重建庙宇供奉禅宗六祖慧能，成为“曹溪道场”。马经纶认为如果李贽去世以后埋葬在此，这里以后又将再一次成为新的曹溪道场。

这年闰二月的廿二日，礼科都给事中张问达秉承首辅沈一贯的意旨，向神宗皇帝上书弹劾李贽，诬蔑李贽“壮岁为官，晚年削发，近又刻《藏书》《焚书》《卓吾大德》等书，流行海内，惑乱人心……以秦始皇为千古一帝，以孔子之是非为不足据……寄居麻城……挟妓女，白昼同浴，勾引士人妻女，入庵讲法，至有携衾枕而宿庵观者，一境如狂……明劫人财，强搂人妇……”，并危言耸听地指出李贽已经移住通州，离京师不到40里，如果一旦让李贽进京，京师就会变成第二个麻城。

万历皇帝在位48年，有将近三分之二的时间不上朝，这一次却在当天立即批阅答复了张问达的奏疏：“李贽敢倡乱道，惑世诬民，便令厂卫五城严拿治罪。其书籍已刊未刊者，令所在官司尽搜烧毁，不许存留。如有党徒曲庇私藏，该科及各有司访参奏来，并治罪。”

随着这份诏书，李贽也于当天立即被批捕。在寓所中，李贽感到人声嘈杂，问马经纶出了什么事。马经纶难过地附在李贽耳边说：“厂卫的铁骑到了。”李贽不知从哪里来的力量，竟然奋身而起，走了几步，用出人意料的声音喊道：“是为我来的，帮我拿门板来！”然后躺在门板上，大呼：“快走快走！我是罪人，不宜久留。”马经纶攀着门板跟着疾走。李贽身上的力气又似乎突然耗尽了，慢慢地对马经纶说：“您是被朝廷放逐的臣子，按规定是不准入京城的，况且您还有年老的父亲在堂，就请回去吧。”马经纶一路躬身前行：“朝廷视先生为妖人，我就是藏匿妖人的人……死就死在一起，我不会让先生独自赴死却自己留下来的！”到了通州门外，马家的几十个仆人奉马父之命，流着泪苦苦挽留马经纶。他最终还是挥泪告别，随同押解李贽的队伍进京。

第二天，大金吾开始提审，护卫将李贽扶进来，让他俯卧在台阶上：“你为什么胡乱写书呢？”李贽仰头答道：“我写了很多书，对儒学圣教却是有益无损。”大金吾对李贽的倔强也无可奈何，最后问来问去，也没留下什么审讯记录。

李贽入狱期间，马经纶一边写信给有关官员，希望能够为李贽赢得“取保候审”的机会；一边再次上书给当道者，为李贽伸冤辩诬，他在《与当事书》中真切严正地侃侃而谈：“即使如圣人朱熹和本朝的王阳明先生的学说，都曾被他所处的时代作为‘伪学’而禁止过，李卓吾虽为当代人，他的心事、行径、议论和著作却与同时代人大不相同，以至于大家将他视为‘异端’，甚至将‘淫纵’‘勾引’的罪名强加在这个七八十岁老者的身上，并且无辜牵连对国家有功的麻城人梅国祯，诬蔑他那坚贞守节、一心向佛的女儿，这一切需要敢于打抱不平的人出面慷慨陈言，麻城在京师当官的有很多人，其中应该有不昧良心的人，可以请出来对质澄清，还原事情的真相。再说，评史和论学不同，《藏书》品评历史人物，令人耳目一新，李卓吾学术渊源于王阳

明，他自己并未自立门户啸聚门徒，不能去断章取义摘录他评史的语句来判定一个人的正邪。历来评史的角度差异很大，见解不尽相同，秦桧是千古奸臣，丘仲深却认为他再造宋朝；姜尚是万世圣人，王元美却认为他不如管仲；严光维护了汉室的江山道统，本朝太祖高皇帝却亲笔题词，判定他是全天下最大的罪人。为什么同一史实，在认知上却产生这么大的差异呢？太祖皇帝戎马一生，能够从别人见不到的角度去解剖历史，充分说明了评史不必完全拘泥于前人的见解。只是，既然名为《藏书》，本该隐藏却加以传播，所以才会遭到毁禁，值得庆幸的是，《藏书》评点的是历史，李贽遇到的是圣君，肯定会哀怜他孤老病困的处境，让他活着走出京城。”

马经纶还在给友人的信中称赞李贽为官30年，却清正廉明，分毫不取，天下人喜爱他的著作，许多地方许多人都在悄悄印制他的著作，而他本人却全然不知。

虽然马经纶在各处奔走呼吁，努力营救，李贽却依旧被关押在狱中，一心求死。不久，因为身体虚弱，狱中条件简陋，他出现呕吐不止、便溺不通的病症，本来安然的心态产生了剧烈的斗争和巨大的逆转，写下了绝命诗《不是好汉》：

志士不忘在沟壑，勇士不忘丧其元，

我今不死更何待，愿早一命归黄泉。

就在这种困苦惨烈的境遇里，李贽还关心着他的学生汪本钶回乡探母的事情，为此连写了两首诗，还曾在狱中约请汪本钶随他一起回福建晋江老家，约定生死相依。

到了三月中旬的时候，有传闻说朝廷要押送李贽回原籍，交由地方管理，李贽忧愤地自言自语：“我已将近80岁，飞将军李广都不屑于对簿公堂，我不能落在先贤的后面呀！”

十五日，李贽叫侍者帮自己剃发，趁侍者转身时，斜出身子抢到明晃晃的剃刀，坚定而乏力地划向自己的喉管，一时鲜血淋漓，沾染了一袭白袍，谁料喉管未断，李贽张着无神的眼睛，断断续续地喘着气，持续了两天，侍者战战兢兢地问道："和尚疼痛吗？"李贽动了动眼球，用手指在掌心上比画："不痛。"侍者又颤抖着问："和尚为什么要寻死？"李贽拼尽最后的力气写道："七旬老翁何所求？"一代思想家李贽就此在狱中气绝身亡，时间在万历三十年（1602年）三月十六日子夜。

刚回家探望父亲的马经纶惊闻李贽不幸惨死的噩耗以后，不禁自责万端，认为李贽寻机愤然自杀，与自己看护不周大有关系。他依照遗言，将李贽葬于通州北门外马氏庄迎福寺侧，并营造墓园，种满百余株高大伟岸的白杨树，建塔造寺，派人守墓，焦竑题写"李卓吾先生墓"大字石碑，湖北黄梅的汪可受题写"卓吾老子墓碑"。友人们痛悼李贽的诗文如哽咽的山风海浪，此起彼伏地涌来，裹挟着经久不息的哀伤。

两年后，李贽的老朋友顾养谦辞世。

三年后，对李贽之死悔恨不已的马经纶在病中去世，年仅44岁。不到两个月后，李贽的另一好友梅国祯去世。

1953年10月，中华人民共和国国家卫生部在李贽墓地兴建北京结核病研究所，将李贽遗骨迁葬于通州城北通惠河北岸大悲林村（今牛作坊）南，第二年重建牌楼，有迁建碑记刻石一方。

1983年10月，北京市有关部门将李贽墓再迁到北京东郊通州城内风光秀丽的西海子公园，坐落在旧城北遗址上，东邻燃灯佛塔，西侧假山亭台，墓东西并列《初迁碑记》和通县人民政府《重迁碑记》，二碑之前居中的位置，立有中国文联原主席周扬题碑："一代宗师黄李卓吾先生之墓"。

李廷机字尔张，号九我，明代晋江浮桥人，历史上少有的清官贤相，曾中解元、会元、榜眼，谥“文节”，泉州至今尚有“李文节祠”以及“贤相里”的地名。

千秋长者

李贽去世后，他的思想精髓逐渐被人接受和传播，受到后世持续不断的纪念。

万历三十一年（1603年），即在李贽自戕的第二年秋天，李廷机奉召入京，路过通州，知道李贽墓葬在此，专门撰写《祭李贽文》，他说李贽“心胸廓八肱，识见洞千古”，他认为故乡人文荟萃，有难以计数的士大夫，却没有能够像李贽那样的，即使放眼天下，如李贽者也是少之又少。

大戏剧家汤显祖在致友人的信函中，对李贽之死表示了无尽的哀伤，并写下《叹卓老》一诗：

自是精灵爱出家，钵头何必向京华。
知教笑舞临刀杖，烂醉诸天雨杂花。

万历三十六年（1608年），袁中道写成《李温陵传》，新安人夏道甫毕恭毕敬地用行书誊写。后来，袁中道盛赞李贽和袁宏道为明代两大异人。

万历三十七年（1609年），《李卓吾批选陶渊明集》出版，《续藏书》出版。

万历三十八年（1610年），李贽参与点评的《元本出相北西厢记》二卷、《李卓吾先生批评北西厢记》二卷、《李卓吾先生何乔远是明代晋江人，号镜山，有巨著《名山藏》和《闽书》。

批评忠义水浒传》百回本纷纷刊行。

万历四十年（1612年），新安人詹轸光到北通州拜谒李贽墓，写了《李卓吾先生碑阴记》和《吊卓吾先生墓》诗二首。焦竑编成《李氏遗书》，收有李贽的书信、杂著和诗歌，是了解李贽思想和活动的第一手资料，也是《续焚书》得以成书的重要基础。

万历四十三年（1615年），《李卓吾合选陶王集》4卷出版。

万历四十六年（1618年），姚安人陶珽为李贽建祠堂于姚安，写《李卓吾先生祠堂记》。汪本钶将李贽的《言善篇》和《说书》交由刘逊之在安徽宣城刻行。汪本钶在《李氏遗书》的基础上，收辑李贽遗文，辨别真伪，编纂了《续焚书》。

天启四年（1624年），杰出的方志史学家何乔远路过通州，写文拜祭李贽墓。

天启五年（1625年），李贽著作再遭焚禁。

崇祯十二年（1639年），度曲家沈宠绥将关汉卿、王实甫、汤显祖、祝枝山、焦竑、李贽等人列为词学先贤。

清康熙十年（1671年），明代潘曾纮编的《李温陵外纪》和《李温陵别纪》刻行。

雍正六年（1728年），日本京都的林九兵卫翻刻李贽批点的《忠义水浒传》（百回本）的前20回。

乾隆二十年（1756年），福建泉州府重修乡贤祠，李贽被崇

祀为乡贤，位列本府历代188位乡贤之中。

咸丰九年（1859年），日本人吉田松阴的著作《己未存稿》结集，其中包含了谈论颂扬李贽的内容。

1915年，吴虞著《明李卓吾别传》，全面评述李贽生平、著作和思想。

1926年，日本人铃木虎雄访李贽墓，发现断碑，拓去詹轸光的《李卓吾先生碑阴记》。通县县长张效良修复李贽墓，并建牌楼。

1935年，学贯中西的朱维之翻译了铃木虎雄所著的《李卓吾年谱》。

1937年，哲学史研究专家容肇祖著《李卓吾评传》。

1940年，弘一法师撰李贽像赞："由儒入释，悟澈禅机。清源毓秀，千古崔嵬。"

1957年，容肇祖著《李贽年谱》出版。

1961年，泉州市人民委员会公布位于万寿路的李贽故居为市级文物保护单位。

1974年，泉州市文物管理委员会在泉州市内李贽后代林姓族人的家中发现了珍藏数百年的资料，有抄录本《清源林李宗谱草创》的《历年表》和《宗谱》残页，李贽故居的地契等。

1981年，中共中央书记处政策研究室和《人民日报》的文章《爱国主义是建设社会主义的巨大精神力量》，将李贽列为中华民族杰出的历史人物之一。张建业著《李贽评传》出版。《红旗》杂志、中国历史博物馆联合编写的《中华英杰录》，也将李贽列为我国历史上83位英杰之一。

1984年，北京市将李贽墓列为文物保护单位。

1985年，李贽故居被福建省人民政府列为第二批省级重点文物保护单位。

1986年，福建省南安县榕桥村建成李贽纪念祠。

1989年，泉州市社会科学联合会编，张建业、许在全主编《李贽研究》出版。

1992年，林海权著、黄寿祺作序的《李贽年谱考略》出版。

2000年，李贽学术研究国际讨论会在首都师范大学举行，成立中国李贽研究学会筹备会。

2002年，“李贽与姚安”国际学术讨论会在云南省昆明民族学院举行。

2003年，“李贽与麻城”国际学术讨论会在湖北省麻城市举行。

2004年，泉州市李贽学术研究会成立。

2005年，泉州举行李贽雕像揭彩仪式，雕像坐落于泉州西湖公园西侧，坐西朝东，5米多高，为美术大师卢思立创作；前方两侧有“李贽生平简介”和“李贽著述书目”石碑各一。

2008年，泉州西湖公园再添一座李贽石牌坊，与先前建成的李贽塑像形成较完整的李贽纪念场所。

2014年10月，“李贽与东亚文化”国际学术研讨会在泉州召开，来自中国、韩国和日本的专家学者汇聚一堂，共同探讨李贽在东亚文化中的贡献、地位和影响。

后　记

福建，山海相拥，人杰地灵，人文荟萃，英才辈出，产生了许多伟大的思想家、文学家、教育家、科学家和民族英雄、爱国先驱、革命将士、时代楷模。他们的教育成长、道德品行和思想文章，是福建的宝贵精神财富，教育和激励着一代代福建人努力学习、奋勇前行。福建省社会科学界联合会组织编写的“福建历史文化名人丛书”，以福建历史名人为题材，古今结合，意在从高处着眼、从基础着手，普及人文社会科学知识，促进人文道德养成，使社会科学知识走进大众、走进生活、走进现实，让更多的人了解福建历史名人，弘扬优秀传统文化，增强福建文化影响力和感染力，为建设文化强省添砖加瓦。

“福建历史文化名人丛书”（第二辑）所包含的李贽、宋慈、郑樵、柳永、黄榦、蔡襄、辜鸿铭、林觉民、沈葆桢、陈宝琛10个人物故事，记录了福建文化之于中国历史的影响，同时也以人物史的叙述方式生动地展现出中国人文精神的风骨和传统文化的传承。人物篇以人物生平为线索，在故事中体现传主的学问、事功、道德，凸显他们在中华文明进程中的重要作用，深入挖掘和阐发其内在精神，从而激起读者爱国爱乡的强烈情感，使之成为涵养社会主义核心价值观的重要源泉。

这套丛书以广大群众为读者对象，尤其是各年龄段的学生群体以及受过中等教育的读者，他们对这些历史名人的认知，大多来源于历史课本、乡土教材、文化景点和博物馆，很难形成具体、深入、系统的认识。丛书深入浅出，雅俗共赏，通过一个个生动精彩的故事带领读者走进福建历史，走入人文社会科学的知识殿堂，融故事性、知识性、趣味性、可读性于一体，对提升大众的阅读水平，普及社会科学知识、提高人文社会科学文化素养和思想道德素质有着积极的作用。

福建省社科联党组书记、副主席冯潮华对编撰出版工作提出明确要求，给予大力支持。省社科联党组成员、副主席缪建萍亲自指导本书的策划和编写。省社科联从事社科普及工作的缪旭明、杨文飞、林彤、李培鋗等具体组织实施本丛书的编撰出版工作。

刘小新、林国平、刘传标等专家学者对丛书写作大纲和书稿进行了认真审读，并提出了许多很好的意见和建议，在此表示感谢！

由于编撰出版时间紧，经验和水平有限，疏漏在所难免，敬请广大读者批评指正。

编委会

2017年2月